내가 머문 자리

안상기 시집

도서출판 모던

저자의 말

내가 머문 자리

20 여 년전 호주정착시기에 호주의 해안선도로를 따라 6개월간의 호주 탐방 여행을 한 적이 있었습니다.

그 시절 짙푸른 바다의 해안절경에 취하고 검붉은 호주내륙의 사막과 낙타, 야생말, 물소, 키큰 캥거루, 그리고 끝없이 펼쳐진 인간에 의해 만들어진 농장과 초원을 따라 늘어선 소떼들 이 모든 것을 눈에 넣고 가슴에 담으며 외로움이나 그리움을 느끼지 못했습니다.

하지만 여행을 끝내고 돌아오는 길 뉴카슬(New Castle)항에 석탄을 실러 온 한국인 선원들을 만났습니다.

6개월간의 한국어와의 단절 후 처음 쓰는 나의 언어는 가슴 깊이 느껴지는 감동과 편리함, 친숙함이 어우러져 등을 타고 내리던 전율이 지금도 내 기억 속에 생생하게 떠오릅니다.

그때부터 자라온 내 가슴속의 소망하나 나의 글 나의 언어로 책 한 권을 쓰고자 마음먹었습니다.

그 결실이 이 시집을 통해 이루어졌습니다. 이 책을 통해 외롭고 쓸쓸한 사람들에게 그리고 상처받은 많은 영혼들에게 작은 위로가 될 수 있다면 또한 희망으로 다가설 수 있다면 더 바랄 것이 없겠습니다.

끝으로 이국 땅에서 외로움 달래는 삶을 살면서 항상 응원과 격려로 보살펴준 아내와 한국어를 못하는 한국아이들이 가장 밉다는 호주에서 낳고 자란 딸 혜리와 콩나물처럼 쑥쑥 크는 건강한 아들 테리, 문학의 길에서 망설이는 저를 이끌어주시고 지도해 주신 나향선생님과 호주한국문학협회 선배님들과 문우들, 부족한 글을 출판해주신 모던포엠 전형철발행인님께 진심으로 감사를 올립니다.

시드니와 캔버라에서 행복과 보람을 잡으려고 허둘 대는 키큰사내 안상기 인사드립니다.

2010년 8월

시드니와 캔버라에서 소금꽃을 피우는 키큰사내 안상기 삼가

가족사진

안상기 시인 시집 [내가 머문 자리]에 부쳐

전형철 시인.문학평론가.월간 모던포엠 발행인

물은 높은 곳에서 얇은 곳으로 흐른다는 평범한 진리를 모르는 사람은 없을 것입니다. 그러나 간혹 거슬러 오르려 시도하는 사람들도 있으니 문인이 그들이라 하겠습니다. 남들이 보지 못하는 것까지 보고 생각하여 그릴줄 알아야 하는 것이기에 글 쓰기는 다른 사람들이 보지 못하고 생각하지 못하는 것까지 보고 사유(思惟)하여 이야기할 줄 알아야 하며, 죽어 있는 사물(死物)에게도 생명을 불어 넣어야 되는 고난이의 작업인 것입니다. 본연의 의식이 지워진 사고엔 심상이 자랄 수 없습니다. 인간 내면의 의식속에 가장 깊은 울림으로 번져나오는 것은 자식에 대한 사랑입니다. 그 사랑은 내리 사랑이라 쉽게 말하곤 합니다. 하면 어울림의 사랑은 어떠할는지요? 끝없이 베풀다 지치는 인과의 관계 나를 떠난 너에게, 또는 너를 떠난 나에게 무시로 베풀다 지치는 사랑, 인의와 화합 정의로운 사회가 후세로 대물림되는 광명정대한 세태. 확고한 신념아래 언과 행의 일치를 실천 하셔야 합니다. 세상의 부조리와 불합리 속에서 자신 스스로만을 곧다 합리화할 수 없음입니다.

시를 쓰는 사람이라면, 누구나 주위의 부러움을 한 몸에 받으며 숨겨놓았던 날개를 활짝 펼치며 화려한 비상을 꿈꿉니다. 그러나 화려한 비상은 비상으로 끝이 나는 경우가 허다합니다. 흔적도 없이 잊혀져 가는 비상 그 원인을 찾아보면 날고는 싶었으나 진정한 비상의 의미를 모르는 채 비상만을 위한 날갯짓에 머물러 있었기 때문은 아닐까 생각해 봤습니다.

하나의 비극을 분명히 짚고 넘어가야겠습니다

문인들은 별개의 세상에서 살지 않을까 하는 의구심을 일반인이 느낀다면 수치입니다. 그것은 문학이 아닌, 이상한 세계이기 때문입니다. 현실에 착착 달라붙어 떨어지게 생동감이 넘치는 작품은 없을까, 이 시를 보니 내 생각이 앞을 가려 눈물이 난다고 독자들이 말하게 할 수 없을까, 뿌리 없는 화초에게 꽃을 기대하면 오류입니다. 생명의 결정체인 꽃에게는 향기와 아름다움이 깃들어야 하고. 그 흉내만 내어서 모조품을 열 번째 내고, 스무 번째 발표하면 뭘합니까, 시는 그만큼 귀한 것이기에, 오늘도 시다운 시를 한 수 암기하고 싶어질 뿐입니다.

마음이 깊어갈수록 인간은 그 은총을 이웃과 피조물들을 향해 되돌려 주어야 할 의무가 있습니다. 그러므로 나눔은 전 우주적 생명의 잔치이며, 영혼의 아름다운 축제이고."세상의 빛과 소금"이 되거나 "이 아름다운 일에 나를 던질 때"입니다. 그것은 관념의 유희도 지적 도락(道樂)도 아닌 세상을 향한 실천적 생명. 사랑의 자세이며. 이타적, 헌신적 사랑으로 이웃을 위해 '나'를 번제의 희생물로 소진시키고자 할 때 인간의 삶은 비로소 "촛불의 가치"로 아름답게 빛을 발하게 되는 것입니다. 이것은 하나의 작은 깨달음이며. 또한 부단히 존재의 쇄신과 전환을 이루고자 하는 시인의 궁극적 염원입니다. 극단적인 해체론과 냉혹한 현실 원칙이 뒤엉켜 있는 동시대, 시인의 시편들은 따스한 불꽃 하나로 타오르기에 충분합니다.

어둠과 빛이 교차하는 지평에 서서, 낮은 목소리로 띄워 올리는 시인의 전언(傳言)들은 우리 모두에게 작은 일깨움을 던져 줍니다.

포근한 시인의 온기가 차갑게 얼어붙은 세상을 향해 더욱 넉넉하게 번져가기를 바랍니다.

2010년 8월 장산 바람재 우거에서

차례

제1부 | 홀로 피는 사랑

제2부 | 시린 꽃을 보면서

제3부 | 거울 앞에서

제4부 | 그 이름들 지워질지라도

제5부 | 마법의 꽃

제1부

홀로 피는 사랑

가시버시

당신은 아내로 어머니로 살면서
가정의 웃음 밭 일구고
어둠을 털어내는 빛이 되었소

내 투정 깔고 앉아
마음을 정갈하게 씻어내는
부신 빛에 출렁이는 산소였소

한 사람도 마음잡지 못한
내 소용돌이 중심에 뿌리내려
관심의 촉수 높이고
내 마음에 군불을 지펴주었소

내 삶에 흩어지는 생각을 녹여
튼튼한 울타리 만들어 준
당신에게 이제부터라도
내 안에 망상의 가시 다 잘라
포근한 솜이불 돼주고 싶소
조금은 늦었을지라도…….

가을 그림자

가을이 익어가는 캔버라의 하루
낮은 산비탈의 그림자 부여안고
허기진 시간들 어둠으로 묻혀간다
내 살아야 할 이유와 희망도
고요의 불빛에 홀로 찰랑인다

강바람 스산하게 불어오는 가을
붉게 물들었던 낙엽들
그림자 안고 거리에서 나뒹군다
아팠던 세월 지우기엔 아련한 대로
서글픔 묻어나는 내 자화상 같다.

영혼이나마

정감 넘치는 그리운 목소리
오시려나 정말 오시려나
숨죽여 귀 기울여도
대답 없는 메아리 날 깨운다

내 영혼 청결해지는 그날
그 밤에 구름 타고 오시려나
초록이 열사에 지쳐 고개 숙이고
태양은 어느덧 서산에 기우는데
아니 오시려나
숨죽여 귀 기울여도
대답없는 메아리 날 울린다

꿈과 낭만, 안타깝다
꾸짖어줄 내 님이시여
오늘도 못 이룰 운명의
시간 앞에서 초연한 가슴으로
당신을 기다립니다

이루어질 수 없는 꿈이라 해도
하얀 연기처럼 사라질 꿈이라 해도
내 육신 살아 숨 쉬는 그날까진
기다립니다, 당신을.,

*돌아가신 형님을 생각하며

훈풍

싱그러운 연초록 새순 따라
햇빛 쏟아지는 호숫가를 거닌다
훈풍에 실려 오는 꽃향기 속으로
사랑이 흐른다.
내 추억도 흐른다

구름처럼 하얗게 피어있는
아카시아꽃 그윽한 향기 속에서
머리카락 휘날리며
달려오던 소녀
꽃보다 아름다운 소녀야!

그리워 불러보는 이름들

추억은 언제나
신비스런 왈츠의 향연
날 숨 쉬게 하는 원동력
아름다운 삶의 표상들

현실이 아무리 고달파도
내게 고향의 향수가 있고
어린 시절의 추억이 있기에
오늘의 내가 있었다고 자부한다

그리움 없는 사람은 꿈도 희망도
없는 것과 한가지
부모형제가 있는 하늘 있기에
허공에 불러볼 이름이 있기에
내 삶의 멋진 그림 그릴 수 있었다.

가련한 국화

캔버라의 겨울 초입에서
밤새 무서리 대지를 덮었구나
호수 위에 떠있는 운무
어느새 또 새벽을 여는구나

희미하게 비추는 햇살
무심히 눈을 돌려보니
밤새 내린 무서리에
가련한 국화꽃 몽우리가
피우지 못한 채 고갤 떨궜구나

여름내 불볕더위 잘도 보내더니
제철 맞아 만개의 꿈꾸더니만
꽃 한 송이 피워보지 못한 채
처절한 최후 맞는구나

아하. 내 탓이로구나
비닐봉지라도 씌워줬던들,
작년에 본 노란 꽃송이
올해도 볼 수 있었을 텐데
아쉬움과 안타까움에
이 가슴 알싸하구나.

고향 산천

1
속리산 한 자락 부둥켜안고
포대실 머리에 인 채
우뚝 멈춰선 웅장한 검산단 기슭엔
신선봉. 넙석골. 동막골을 품고
전설이 칡넝쿨에 얽혀있는 내 고향

계곡 따라 너들바위는 멍석처럼 펼쳐있고
비집고 흐르는 물살 멈출 날 없이
작은 산 휘어 돌아 해 뜨는 양짓말
서녘 하늘 붉은 놀 바라보는 움짓말
토기장이 토기 굽던 소란말
옹기종기 모여 집성촌 이룬 내 고향

순박한 인심 속에
고난의 세월이 흘러갔고
동짓달 긴긴 밤에도 외롭지 않아
솔밭길 거닐면서 이야기꽃 피우고
여름날 오래 묵은 느티나무 아래
퉁소소리 애절함을 노래했던 내 고향.

2
하늘 아래 부끄러움 없었는데
떠나온 서른 해 긴 세월
내 작은 가슴만 울렁인다
시드니라 낯선 땅 이방인 되어
가까스로 삶을 엮어 가지만
늘 마음은 고향하늘 서성인다

매몰찬 바람에 얼굴 씻기우고
황토색 흙먼지로 뒤범벅돼도
돌아갈 곳 있기에 두렵지 않았다
오늘 밤 유난히 가을바람 세차게 불어오고
보름달은 구름 위에서 이 세상을 굽어본다
아, 아, 그리움은 오늘도
한 자락 구름처럼 내 마음속을 떠돈다.

허무한 세월

꿈속에서 허우적대다
두 눈 뜨니 늦가을 밤비
소리 없이 긴 밤을 적시고
고요한 적막감도 잠드는 어둑새벽
지루한 일상이 하루를 기다린다

먼발치에서 바라보는
가로등 불빛 따라
내 삶을 뒤돌아본다

때론 흐트러진 삶을 살았고
언젠간 망각의 늪에서 헤매었다
욕심 위해 야수의 탐욕으로
이 세상을 바라보았고
본능의 부추김으로 죄지었다

이렇게 헤매는 사이
하마 반백의 고개를 넘었고
철없이 뒤돌아본 나날
소리 없이 흘러만 간다
이것이 삶이라니
무엇을 위해 살았단 말인가!
내 뒤돌아본 반백의 삶
허무하다!

세차장에서

키 작은 아주머니가
아들과 세차장을 한다
잘한다는 소문을 듣고 찾아갔다
"안녕하세요. 디테일 클리닝이시죠?"
"예 맞습니다.

세차하면서
아주머니 입도 함께 움직인다

"무엇하는 사람이에요?"
"나이는요?"
"집은요?"
"자식은요?"
"부부관계는요?"
"성격은요?"
"학력은요?"
"고향은요?"
"호주 온지는 얼마나 됐죠?"

그리고는
"50불이에요."
"안녕히 가세요."
국가정보원 세차장인가보다.

얄미운 여인

키는 작고 다리가 휜 여인
충청향우회에서 만났다

이혼녀라고 자신을 소개하는
그녀의 눈동자
나를 아래위로 죽 점검한다

"친구 좀 소개해주셔요."
"혹시 조건은?
대졸에,
키가 클 것,
성품 온화해야 하며
전문직 여성에 대한 배려가 있어야 할 것,
재력은 빵빵하고
성실함과 온화한 마음을 겸비 할 것,
특히 튼튼한 육체를 가진 남자를…….
"예 그런 분을요?"

여인이여
이상과 현실의 차이가 무엇인지를
알고나 계신가요

과연 그 여인의 희망은
이루어질까?
집으로 돌아오는 발길이
헛바람에 허우적거린다.

아버지께 올리는 노래

이른 새벽이 날마다
갈대 숲을 건너오면
널따란 밀짚모자 쓰고
일터에 나가시던 아버지
갈수록 새록새록 푸른 하늘
꽃구름으로 일어납니다

험한 세상 굳세게 살라고
잘못 할 적마다 다스리던
그 회초리 가슴 아려
잠 못 이루시던 아버지
당신의 그 속 맘
어엿한 어른이 돼서야
진한 사랑의 눈물임을 알았습니다

꽃나무처럼 고이 심어 주신
당신의 그 귀한 가르침은
척박한 이승 땅에 이슥고
꽃이 되어 화사하게 피어나
자식들 가지마다 탐스런 열매
내일의 알찬 씨앗으로 여물어 맺혀 갑니다.

더욱이 아버님께 드리고픈 것이
이제 와서 왜 이리 많고도 많은지요
무심한 세월 꿈같이 흐르고 보니
못다한 효도는 한줄기 뜨거운 눈물 되어
이젠 돌아올 길 없는 그곳에 계신
고즈넉한 당신의 모습만 떠올리게 합니다.
어린시절 아버지의 회초리가 새삼 그리워집니다

어머니께 올리는 글월

자식들 입에 밥술이나마 떠 넣을 수 있어
행복했다 하시던 어린 날을 기억하며
어머님께 이 글월을 올립니다

어머니!
이젠 그 가녀린 허리를 대신해
저희가 튼튼한 허리가 돼드리겠습니다
어디에 계시든 사랑으로 넘쳐나시어
저희에게 영원한 고향의 강이 돼주십시오

바쁘다는 핑계로 자식들 가슴속에선
때로는 잊히면서도 보이지 않는 공기처럼
끝없는 용서로 감싸 안은 어머니
당신의 고통 속에 생명을 받았기에
이만큼 자라온 날 감사할 줄 몰랐던
자식의 불효막급, 용서해주십시오

기쁨보다는 근심이
만남보다는 이별이 더 많았던 어머니
당신에 삶의 강 언덕에
하얀 억새풀처럼 흔들리는 슬픔까지도
모두 가슴속에 숨기신 어머니

이국의 삶이 고단하고 외로울 때
눈물 속에서 불러보는 정겨운 이름~ 어머니
집은 있어도 사랑이 없어 울고 있는
방황하는 이 시대의 자식들에게
영원한 그리움인 어머니

자식으로서 아름답게 열려 있는
사랑을 노래하고 싶었지만 번번이 실패했던
어제의 기억들 세월 속에 묻어버리고
제 마음속에 늘 살아 흐르는 강이던
어머니, 만수무강하십시오!

시인의 삶

그저 작은 꿈 하나 이뤄놓곤
내일을 향해 걸어간다
설렘과 두려움으로
내 남은 세월에 점 하나 남기고 싶어
묵묵히 글밭의 농부가 되었다

그동안 이루지 못한 꿈의 조각들
밤하늘의 별처럼 모아서
글 조각을 빚고 싶다
모양새 없고 정석은 아니더라도
강물처럼 맑고 윤기 흐르는
그런 시상은 아닐지라도
마음 맑디맑은 시인이 되고프다

강 언덕 지나가는 바람처럼
유유자적(悠悠自適)
내 영혼 자유롭고 싶다.

방황

사랑이 다가올 때는
천상을 유영하며
아름다움을 노래했지만
사랑이 떠나갈 때는
암흑의 거리를
신들린 사람처럼 방황했다

사랑이면 되는 것을
말 많은 흑백 논리로
잃어버린 시간들
사랑과 이별을 초월하는
애욕에서 헤어나
구름처럼 흐르는 삶

사랑도 태양처럼
하나라면 좋으련만
세상일 맘대로 되던가

빛바랜 사진처럼

가슴에 그리움 있다는 건
보물 감춰두고 잠 못 자는
어린아이 같은 마음이다

가슴에 묻어둔
빛바랜 사진 한 장 꺼내 보면서
빙그레 웃음 짓는 것 또한
아직 내가 살아있기 때문이다

하늘을 보면 눈부시게 푸르고
대지를 보면 세상이 아름답고
내가 호흡하는 공기가 고마운 건
모두 사랑하는 이 있기 때문이다

고단한 일상을 끝내고 내 집으로
그리운 얼굴 찾아가는 길
나 없는 이 하루 어떻게 보냈는지
그리웠던 사람 하나 찾아가는 건
아직은 가슴에 사랑이 있다는 것이다

무한 질주

끝없이 이어지는 수평선
넘실대는 은빛 물결 어우러진 포말
밀려오는 파도소리에 섞여
갈매기 몸짓이 바쁘다

눈만 마주쳐도 달려드는 파도
고요한 바닷속을 뒤집어 놓고
바람이 지난 자리마다
일렁이며 흐느끼는 파도

그리운 기억들
무지갯빛으로 채색될 때
바다는 하염없이
제 살을 긁으며 춤을 춘다

사계절 푸른빛 삶 누리는
파도를 타고
아직도 못다 이룬 내 꿈들이
무한질주를 한다, 태평양 위로……

꽃마음

시들지 않을 꽃이 있으랴
아무리 아름다워도 때가 되면
시들게 되는 꽃
하물며 풋사랑 식지 않겠나
결코 식지 않을 것처럼 뜨겁던 사랑도
얼음같이 차갑고 냉정하지 않던가

꽃이 시듦은 세월 탓이거늘
사랑의 식음도 또한 세월 때문 아닌가
쉬 달아오르면 쉬 식는 법
그래서일까
순간 불타오르고
이내 꺼지는 사랑보다
은근히 뜨거워져 오래도록
꺼지지 않는 사랑
그러면서 질리지 않는
사랑 어디 없을까

나처럼 사랑의 방식 모르는 사람
꽃의 마음도 모른다는데…,

봄꿈

봄에는 새롭게 꿈을 꾸고 싶다
파릇파릇 새싹이 틔우는 봄바람처럼
가지각색 꽃들이 노래하는
대지 같은 넓은 꿈 하나하나 들춰내어
내 가슴에 안고 싶다

새싹이 잎으로 자라
꽃잎이 모두 피어 떨어진 뒤에
말라 비틀어져도
한때는 분명 새싹이었고
어제 만개했다 떨어진 꽃잎도
한 때는 아름다운 꽃이었다

모든 생명이 태어나서 사라지고
모든 만남이 다시 이별을 해도
냇물이 언젠가는 바다에서 다시 만나듯
우리도 만난다는 기약이 있기에
이별도 희망이 아니겠나

되풀이되는 자연의 섭리
내 자신이 알아가는
오롯한 봄날에 행복을 알게 된
오붓한 이 행복을 봄꿈이라 말하리.

날개

내 마음 안에
상상의 날개 홰를 친다
날을 수 없는 날개를 달고
꿈꾸던 미지의 세계로
훨훨 날고 싶어 하는 날개가 있다

아주 높이높이
더 멀리 날지 못하고
마음만 창공에 걸쳐놓곤
어찌하여
이 봄날에 샛노란 외로움만
꽃씨 되어 훨훨 날고 있는가

홀로 피는 사랑

꽃잎에 물든 사랑
찬연한 석양빛에 어리고
길 없는 창가에
사랑은 설렘으로 가득한데
목말라하는 가슴속 차오른 눈물에
그리움 따라가는 세월만 야속하구나
밤하늘에 그리움으로 머문 사랑
밝은 달빛에 홀로 피어 숙연하구나
기다림에 여울진 사랑
새벽 별과 함께 선잠이 깨어
아침 햇살에 멀어지는구나

달맞이꽃

내 어릴 적 화단에는
꽃잎이 유달리 큰 달맞이꽃이 피었다
땅거미 지고 개밥바라기 뜰 무렵이면
툭~ 벌어지며 피는 꽃 본 시절 언제던가

매캐한 오동나무꽃 보랏빛 향기로
가슴 설레는 봄밤이 추억이 된 지도 오래
숲에서 솔부엉이 소리 듣던 시절
솔잎이 환히 웃던 그 시절 언제던가

모깃불 모락모락 피어오르고
이팝꽃 하늘거리는 개울 옆에 끼고
건들바람에 서석이던 옥수수 밭둑엔
더운 입김으로 밤 깊은 줄 모르고
하하호호 웃던 그런 밤, 본 지가 얼마인가

상상(想像)

먼 산 그 너머 아득한 곳에
정다운 사람들이 살 것 같아
파란 하늘에 비춰보아도
콧등만 시려 올 뿐
내 마음 뒤편엔
늘 그리운 얼굴들 서성인다

저녁놀 붉게 물들면
한껏 달려가고픔에
마음 문을 열고 뛰쳐나간다
별이 쏟아지는 초저녁
가슴속에 꽉 차는 그리움에
막역했던 얼굴들 두둥실 떠오른다

개나리 화사한 고향 봄밤 그려보고
앳된 신록이 펼쳐놓은 산자락에
한 떨기 들꽃 꺾던 시절도 그려보고
하얀 찔레꽃이파리 바람에 날려도 본다
내 마음 뒤편에선.

밤비

창밖엔 토닥거리며
비가 내리고
부질없는 생각이 밤새도록
스멀스멀 마음 밭에
새싹을 틔웠다
며칠 후면
잎이 무성할 것 같아
무시로
산새들 날아와 울어줄 테고
산등 타고 내려오는 바람
여린 잎들에게 속삭일 게다
꽃들도 마냥 춤출 것이다
자연이 주고받는 눈길 뒤엔
진실이 꿈틀거릴 것이다

시(詩)를 쓴다는 것

이태백의 풍류를 닮진 못하더라도
벅찬 삶의 진실이 무엇인가에 읍하여
마음 안에 은하수 건널 줄은 알아야 할 텐데
아직은 미흡할 뿐, 시간이 필요하다.

하긴 죽기를 각오하니 살아지고
살기를 목메어 염원하면
죽음의 늪으로 빠진다는 말처럼
삶이란 것이 오르내리는
롤러코스트 같은 것이 아니겠나
내리막 달리면
또 넘어야 할 고개가 닥쳐오니
삶이란, 이런 것이기에
살만 하다고들 말하나 보다

마음의 일몰

해질 녘 썰물인가
마음 안에 찌꺼기들이 쓸려나간 바다처럼
작은 마음 하나 둘 곳 없이 외롭다
덩치는 황소 같은 남자가
어째서 이토록 마음이 처연하고 무거운가

며칠째 마음 둘 곳 없으니
자식이 아파하는 때문일까
인간세상 몰아치는 일몰이 두렵다
멍하니 서서 넋 놓고 있다가
아무데도 오갈 곳 없는 사람이 된 것 같아
눈발같이 흩날리는 상념을 안고
시드니 집을 나선다

어디 독주(毒酒)라도 파는 집 없을까
그 속에 그리움 담아 파는 집은 없을까
그리움은 마시고 마셔도
그림자가 남지 않으니까,
캔버라 가는 길 위에 서있다
어디를 보아도 넓은 평야뿐
마땅하게 갈 곳이 없다

결국 캔버라 집 발코니에 앉아
죄 없는 산만 자빠트려 본다
취(醉)하여 추(醜)해도
진정 깨끗한 자신을 보고 싶건만
애당초 내 것이 아닌 것에
무엇을 이리 아파하는가
술 취한 날 다독이며
마음일랑 훨훨 하늘에 두기로 했다.

갈무리

내 추억은 모두 미완성이다
때때로 먼 하늘에서
환영으로 떠오르는 꿈의 편린들
제대로 갈무리하지 못한 기억들

슬픈 이별의 소야곡처럼
때때로 가슴속에서 물거품으로 사라진 꿈
희뿌연 연기처럼 감회에 젖는 아픔

이국에서의 삶 투혼 강인한 집념이 아니면
빛낼 수 없는 것이기에 열심히 땀 흘리며
갈고 닦을 수밖에 없는 운명
꼭 이루고 싶었던 꿈
갈무리하고픈 후회 없는 삶

내면의 꿈

꿈을 따라
선수에 떠오른 태양을 따라
망망대해 건너온 나그네
새벽의 거리를 달린다
청초한 햇살에 감사의 기도를 올린다
하루하루 날줄과 씨줄 엮어내는 삶
거대한 꿈을 이룩하진 못해도
매일 나를 다독이는 연속
세상은 혼자의 지혜로운 항해는 아니어서
내 주위의 관계들과 손을 잡는 것이다

꿈길에서

몹시도 추운 날
피가 흐르는
갈라진 손등으로 희뿌연 코를 푼다
내 고향 한들 얼음 위에서 팽이를 친다
썰매도 탄다

마을 앞 보리밭에서
공놀이하는 놈
연줄에 사기를 먹였다고
큰소리치는 놈
고무줄놀이하는
계집애들 고무줄 끊었다고
징징 우는 여자울음소리에
잠결에서 벌떡 일어나
그리운 시절을 더듬는다

꿈에 본 내 고향 마냥 그립다
그때 그 아이들 지금 어디서
나 같은 생각을 할까
어젯밤 꿈속에서 뛰놀던
내 고향 충북 괴산 하늘 그립다

시간아 날 잡아다오

내 유수의 길을 지켜보던 시간아
긴 세월 침묵으로 바라본 시간아
이제야 눈을 감고
내려놓을 수 있는 시간아

네게 와락 안기지 못하는 건
삶의 퇴적 앞에서 서먹해진 감성이
남아있기 때문이다
내 메마른 가슴이
메워지지 않았기 때문이다
아직은 단단한 글밭에서
망연히 내 가슴만 쥐어뜯는구나

반들반들한 조약돌 같은
내 가슴 때문이다
언젠가는 손 내밀어
네 아릿한 마음 품어줄 때가 오겠지
아직은 노을이 중천이니
가야할 길 웃음으로 보내자 시간아.

꿈 찾아 시드니 까지

1
고향에서 들뜬 꿈
타향살이로 물거품처럼 사라지고
더 큰 희망을 가슴에 품고
여객기에 몸 실어
시드니로 날던 날,
하늘에서 내려다본 고향산천
아련한 그리움으로 손짓했고
지구가 둥글다는 걸 알았다

비행기가 날개를 접은 땅
둥근 지구 위에 내 발길이 닿은 땅
아침 햇살이 동트는 시드니 공항

푸른 물결 넘실거리는
오페라하우스의 아름다운 야경을 보면서
서러움이 밀려왔고 그리움에 목이 메였다
시간시간 이방인임을 실감하면서
고향집 어머니 매운 고추장 생각에
나도 모르게 눈물 흘리며
타향살이 피곤에도 잠오지 않더라,

2
나그네 이루지 못한 꿈
허망할 때마다
오페라하우스 찾아가면
관광객들만 시끌벅적
오페라하우스는 말이 없고
길거리 화가가 그려놓은
노랑머리 여인의 초상화 미소
푸른 물 위로 조용히 번지더라

이방인 생경한 시간이 소통되며
문화인으로 살아가는 질서 배웠고
태평양 바닷물에 내 그리움 띄웠지
넓은 대지 위에 노니는 양떼 바라보며
내 꿈과 희망을 키우면서
더 넓은 벌판에 삶의 푯대를 새웠으니
땀 흘리는 시간 속에서도
영혼 살찌우는 문인의 길에 들어섰으니
내 어찌 행복하지 않으리

우리 선조의 문화 살찌우는
삶의 역군으로
세종대왕 부끄럽게 하지않으리

내 고향 금단산

이 세상이 아무리 낯설다 해도
엄마 뱃속에서 첫 울음을 터트렸던
두메산골 내 고향
우뚝 솟은 검단산 봉우리 아래
펼쳐진 한들에서 뛰놀던 어린 날이 생각난다

한가위 둥근 달이 뜨면
노랫소리 끊이질 않던 아름다운 내 고향
물 좋고 공기 맑아 유순한 이웃들
사방이 산으로 둘러싸여
병풍 되어 눈바람 막아주고
한여름엔 산그늘이 지면
산허리 능선 따라 숲 속의 맑은 공기
새들의 노랫소리 뻐꾸기 우는 소리
아직도 내 가슴속에 메아리로 남아있다

봄이면 진달래꽃. 아카시아꽃 향기에
벌 나비 동무하여 춤추었고
고사리. 취나물. 도라지. 더덕내음
산허리에 감돌던 내 고향 충북 괴산

마음마저 넉넉하여 설날부터
정월 대보름까지 풍물놀이 액땜하고
아침부터 밤늦도록 집집마다
음식 냄새 인정이 넘치던 그 시절
꽹과리 장구 치던 어르신들 어디 가고
지금은 젊은이들마저 객지로 떠났다는데

마을수호신 당산나무만이 옛날옛적
그 시절을 기억하면서
쓸쓸함 달래고 있겠지
언제나 가볼까, 내 고향 검단산
내 어린 시절 동무들과 뛰놀던 그곳으로

삶의 고갯마루

모진 비바람 가슴 안고
휘청거려도 쓰러지지 않는
삶의 거리에서
지친 발걸음 달래보며
정곡에 끓어오르는
가슴에 울분을 삭인다

세상아 바람아 그대 자리하기에
넘나든 고갯마루 오가기에
반질하게 닳도록 넘어보는구나

청천의 푸른 날에 고갯마루
찬 눈이 내려도 되돌아가지 않는
오는 길, 가는 길이었으니…,

새롭게 찾은 행복

꿈과 희망을 익히려는 열정
땀 흘리면서도 간간이 속내에서
끓어오르는 환희가 삶의 동행 길에서
내 존재를 확인시켜준다
글을 쓰고부터 현장에서의 내 모습에서
나도 모르게 순간순간 가슴을 열고
하늘 거니는 구름과 대화 나누기도 한다

어둠 속에서도 빛이 있는 법
머지않아 삶에 광채가 쏟아질 거라고
그때마다 천사 같은 구름이 나를 위로한다
생의 희열 앞에 하나 되는 동반자들 있기에
지난날 고독의 노래 글로 승화시켜간다

나의 이정표

침묵 속에서 풍기는 향기
앗아간 시간들 뜨겁게 달궈주고
지나간 세월은 징검다리가 되어
날 망설임에서 벗어나게 했다
한 걸음씩 다가오는 시어들이
나의 삶에 활력 안겨주었다

곁가지처럼 날 따라다니던
애처로운 미련은
훌훌 던져버리기로 했다
흐르는 냇물에 혜안을 정좌시켜
하늘을 우러러 한 점 부끄럼 없는
삶을 살기로 다짐했다

언제부턴가 비워버린
삶의 이정표 하나 세워놓고
그 안에 날 그려 넣는다

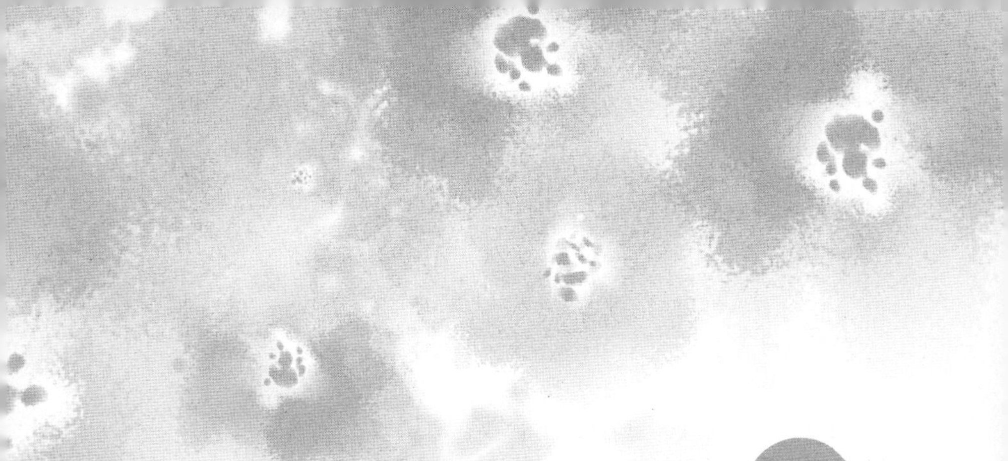

제2부

시린 꽃을 보면서

봄이 오면

봄이 오면 주인 없어 닫아놓았던
사립문 열듯 마음문 활짝 열겠습니다
시드니 봄날 치자꽃 향기로
잠겨있던 내 마음속 가득 채우렵니다.

봄이 오면 겨우내 덮었던
이불 빨래하듯 찌든 마음 닦겠습니다.
눈부신 햇살 아래 하얗게 바래듯이
마음속 비우고 평화만 담겠습니다.

봄이 오면
세상이 신록으로 물들 듯
헝클어진 가슴 정리하겠습니다.
다시 시작하는 마음으로
한 계단씩 천천히 오르렵니다.

황금

사람들은 황금을
행복의 척도로 삼아
그것을 모으기 위해 혈안이 된다
수단과 방법 가리지 않고
황금에 눈이 멀어
양심과 도덕을 굴복시키는 세상이다

내 욕심을 채우기 위해
산도 허물고 강도 죽이는
생태파괴의 주범
그 또한 황금이니까…….

궁금증

하얀 파도가 밀고 당기면서
철썩철썩 모래사장을 때린다
자카란다 진보라 꿈이 떨어진다
은사시나무 춤추는 소리에
여름도 우수수 떨어진다
꼿꼿한 야자수나무 사이
엿보는 바람이 얄밉다

아! 파도가 일어난다
물보라 이루는 저 파도는
어디서부터 시작됐을까?

바닷가를 맴도는
아름다운 새소리
아! 저 아름다운 지저귐
어디서부터 비롯됐을까?

시드니의 여름이
우수수 떨어지는 것도
태곳적부터였을까?

꿈. 1

내가 범의 눈썹을 가졌다고 말한다
범상「虎像」이 아니라 "범눈썹"

또 누군가가 말한다.
아무나 건들지 않는 두령처럼
배가 굶주릴 때만 먹이를 찾는
의젓한 호랑이라고
큰 인물이 될 거라고

또 누군가가 말한다
헛수고에 열정만 쏟고
진정 성취해야 할 일엔 게으르다고
범같이 날쌘 놈이 눈썹만 휘날린다고

밤새 야단만 맞다가
깨고 보니 꿈이었다
어휴~꿈이니 망정이지.

회상(回想)

내 고향의 여름밤엔
청솔가지. 칡넝쿨. 마른 지푸라기에
성냥불 그어 모깃불 지피던 아버지
흡혈모기 달려들까
부채로 장단 맞추던 어머니
평상에 둘러앉아
하나. 둘. 셋. 별을 세던 우리 형제들

뒷산엔 두견새 울음소리
뜰엔 풀벌레 울음소리
담장 밑엔 귀뚜라미 노랫소리
자연에 장단 맞춰
모깃불 속에선 감자들이
노랗게 하얗게 훌훌 껍질 벗던
그 시절 내 고향 풍경이 그립다

시드니에 주룩주룩 밤비가 내리면
내 가슴 깊은 곳에 강물이 되어
두둥실 여름, 내 고향으로 떠간다

친구여

자네는 어떻게 지내는가?
난 말이여, 요즘 글도 좀 쓰고
여전히 땀 흘리며 돈도 조금 벌고 있네만
고향 친구 그리운 마음 여전하네

젊은 날의 여름밤 고향 냇가에서
친구들과 밤새도록 텀벙대며
강물과 씨름하던 추억이
중년의 나이에도 새록새록 그립다네

여느 땐 말이여
인생이 어떠니, 사랑이 어떠니,
또한 청춘이 어떠니,
정답 없는 질펀한 논쟁으로
밤새는 줄 몰랐었지……

하지만 말이여 그때가 참 좋았지,
돌아갈 수 없는 그날을 그려보면서
머리에 잔 서리 내린 이 나이에도
그리움에 울컥울컥 눈물이 난다네

친구여 보고프다
우리 언제 한 번 만나자.
내가 말이여
조금 쓰고 있는 글이 완성되면
그 땐 꼭 만나게 될기여,
그때까지 잘 지내게, 친구여,

캔버라의 봄

바람이 어둠을 털어내는 호숫가를 걷는다
여린 햇살이 물안개 피우며 수묵화를 그려내고 있다

이국의 싸늘했던 세월 너머로
내 땀방울 속살 같은 씨앗을 품는다
습진 그늘에서도 씨앗이 자랐나 보다
내 굵은 힘줄의 맥박 느려지기 전에
내게 주어진 숙제는 다 풀어내고 싶다

그동안 품어내지 못한 문학의 씨앗
싹 틔워 꽃 피울 때까지
내 안에 잠재된 어둠을 털어낼 것이다
어제보다 더 열정적으로 날 깨울 것이다
캔버라의 봄 햇살처럼……,

산새

여기가 어딘가
사방이 푸른 녹음뿐
네 신세 가엾기도 하구나
산그늘 지고 나면
해는 서산으로 바삐 돌아
어둠을 몰고 올 것인데
보이는 건
초원을 동무 한 산뿐인 것을
네 신세가 가엾기도 하구나
둥지 떠나 살아가는 것이야
너나 나나 마찬가지
동물이나 인간이나
이 세상 산다는 건
다 고행이 아니더냐,
산새야
네 울음소리 내 마음 울리는구나.

우산 받쳐 쓴 노인

가을을 마감하는 빗소리
겨울을 재촉하며
초혼의 강으로 흐른다
시간을 잊은 채.

젊은 아낙이 팔짱을 끼고
백발의 노인 어정어정 걸어간다
우산을 받쳐 쓴 이
부부일까? 아니면 딸일까?
초겨울 풍경이 따스하다

일터로 향하는 남정네
가슴이 울컥 뜨거워진다
훗날의 풍경을 그리며
빗소리를 등에 업고
나는 오늘도 시간과 동행한다.

먼지로 남겨질 뿐인데

낯선 길 홀로 걷는다 해도
안개 속 헤집으며 걷는다 해도
가던 길 갈 수밖에 없는 것을
인간의 기술이 하늘에 가깝다 해도
결코 대지 위에 무지개를 그릴 순 없는 것을

바람의 정거장엔
먼지가 꿈틀거려도
거짓말들이 휘날리진 않으리
사람의 온몸으로 남겨놓은 흔적들
필경 먼지로 남겨질 뿐인 것을.

이승 바다

진정한 사랑이 그리워 젊음을 달렸고
소원한 만큼 간절하기에 시간도 잊었다
멀고 먼길 가운데서도 인연이란 고리에
조롱의 눈길도 받았다

옛말에 사촌이 땅 사면 배 아프다 하는데
조상대대로 올라가면 모두가 사촌이니
사촌들이 배탈 난 모양이다
너도나도 군림하지 않으면 배탈 나는가 보다

세속의 모래성 쌓느라 안절부절
이승 바다에서 너도나도 가자미 눈 흘겨본다
어리석은 성자
그 이승 바다 속에서 헤엄치기 바쁘다.

당신과 함께

잔잔한 미소 정겨움으로 내려놓고
언제나 그 자리에 곱게 피었지요, 그대는
산등성이 저만치 돌아서는 어머니의 모습처럼
설렘으로 그대를 바라보았소

굳이 그대를 내 안에 가두지 않아도
언제까지나 함께 파랑새가 되어
하늘을 날고 싶었고
내 글의 행간마다 당신의 모습을 넣고 싶었소

내 마음 때로는 허공에 떠돌아
단 한 번 당신을 향한 날개는 접지 않았소
별꽃 부서져 내리는 캔버라의 여름밤에는
한없이 그대를 부르고 싶었소

당신과 함께라면
고향 들녘에서 춤추던 왜가리 짝들처럼
붉은 노을에 함께 젖고 싶소
시드니의 저녁 하늘 붉게 물들이고 싶소

시린 꽃을 보면서

무섭기만 했던 아버지 눈빛 같은 바람이
겨울꽃 여린 속살을 헤집으니
꽃들이 부르르 떨면서 떨어진다
영하의 날씨도 아닌데 무척 시린가 보다

하얗게 부푼 소년의 꿈들이
아버지 돌아가시고 떨어진 그때처럼
꽃들이 시린 땅에서 나뒹군다.
대꾸 한마디 못하고 아파했던 그때처럼
시린 시선들을 가슴에 묻었던 그때처럼
사금파리 같은 겨울바람이 시린가 보다

여명도 먼 창가에서
처연하게 울던 그때를 잊게 해준
세월이 그저 고맙기만 하다
무딘 가슴으로 살아온 아픔 잊게 해준
세월아 그저 고맙기만 하다

호주에 핀 아카시아

아카시아 꽃잎이 하얗게 뿌려진 길
어린 시절 추억이 드러누워 신음하고 있다

고향 산하에 가득하던 꽃향기
어느새 시드니로 날아와 시시각각
가슴속으로 황망하게 파고드는데
나이테 켜켜이 동여맨 중년 사내
고사목 뼈처럼 우두커니 서있다
사내의 묵은 가슴엔 구름버섯이
비늘로 드러누워 발뒤꿈치 각질처럼
뻣뻣하다, 속내만 시커멓게 타고

적막이 주저앉은 길섶에
납작하게 피어있는 노랑 씀바귀꽃만
중년 사내 가슴속에 들어앉는다
이제 나도 꼼짝없이 늙어가나 보다
아카시아 꽃향기에 빼앗긴
그 시절로 돌아갈 길 있을 것 같잖으니.

인간세상

하늘을 바로 보려면
내가 하늘만큼 높아야 하고
세상을 바로 보려면
내가 세상만큼 넓어야 하고
사람들과 어울려 살려면
정을 외면하곤 살 수 없는데
내 사는 날까지
정이 날 우울하게 한다면
그게 어디 인간세상이랴

내 마음 이토록 질펀한데
사람 사이 걷고 또 걸어봐도
내 마음 갈 곳 없지만
맥주거품으로 달래고
또다시 큰 키로 휘적휘적
넓은 세상 속으로 걸어가련다
정이 날 우울하게 하더라도
어쩌랴, 걸어가야지!

아들아

속 터질 듯, 환장하게 마음 아픈 날
내 안에 접어둔 속마음 꺼내어
흐르는 물에 씻고 싶은 날
최고봉이라 자랑하는 학교
노랑머리 아들친구 놈들 등 돌린 날
텅 빈 가슴 울분으로 터지려 했던 날
자존심이 밟혀 구겨진 흙탕에서
분노로 끓어오르는 눈에서 불꽃이 튀는 날

심장에 큰 바위 하나 올려놓은 갑갑함이
모닥불로 타오르는 날에
술이 날 마시는지 내가 술 마시는지
휘청휘청 마시고 또 마신다
세상이 안주가 되고. 내가 술이 된다.
"아들아 세상이란 그리 녹녹하지 않으이!

속 투정

계절은 다시 올 수 있지만
바람이 스쳐 지나간 자리는
되돌아오지 않는 것인지
붉게 물들이던 낙엽이
비천한 웃음 흘리는 것이 애절하다
속 투정 한 번 하지 않고서

평온한 강물이 유유히 흐르다
우거진 숲을 만난다 해도
낙엽이 찬 서리로 몸을 씻는다 해도
그대 그리는 마음으로 잠들고 싶지 않지만
삶이 그러니 어쩌리

빛이 그늘에 가려지면 어두운 것처럼
살아 숨 쉬는 것 또한 짧은 생애이거늘
삶의 늪에 비록 영혼은 허허로우나
내 사랑은 아직 붉은 걸 어쩌리.

나는 밤마다

캔버라의 밤하늘은
별이 유난히 청빛이다
금세 쏟아질 것 같아
나는 밤마다
사랑을 화살촉처럼
쏘아 올린다

중년의 가슴으로 부르는 노래
영혼의 간절한 기도처럼
그대 가슴에 잔잔히
울려 퍼지고 싶어서,

그래요

행복이란 별거유
함께 살아가며
기쁜 일 슬픈 일
서로 나눠 짊어지고
가는 것 아닌가유

사랑이란 별거유
밖으로 표현하지 못해도
마음으로 느끼며
사랑을 일궈가는 게
행복 아닌가유

부부가 별거유
따뜻한 둥지에 함께 있으니
그 얼마나 행복한 일인지유
그래요
행복이란 언제나 그대 곁에
내가 있는 것 아닌가유.

정으로 살고픈데

바람 같은 인연일지라도
쉬어갈 수 있는
포근한 가슴이고 싶었는데
사나이 여리디여린 가슴
풀잎에 맺힌 이슬처럼
한 줄기 정이라도
머무르게 하고팠는데
메마른 가슴들이
정으로만 보지 않는구나

사람들에게 말하고 싶구려
때로는 한 잔의 커피 향으로
메마른 세상 진정 사람의 향기로
푸르고 더 푸른 평원 만들고 싶구려
정으로 가득한 세상을

긴긴 사연

빗줄기 창밖에 서성이더니
바람도 어둠에 밀려 잠이 들었다

밤하늘로 담배연기 후~날려본다
당신의 고이 잠든 모습 그려본다
긴긴 기다림 속에서도
말 못할 사연과 애틋함까지
흐르는 세월에 묻어두고
남편이란 이름 하나
그저 아이처럼 다독여 준 당신에게
오늘 밤도 내 사랑하는 마음
곤히 잠든 당신 곁에 서성이다 돌아섭니다.
잠에서 깰세라, 내 영혼
당신의 이마에 입맞춤하고
머지않아 붉은 놀 바라보면서 함께 늙어갈
당신과 나의 새벽이 밝아옵니다.

장미꽃도 시든다

호주엔 유난히 장미가 많다
뜨거운 햇볕 아래서도 향기 내뿜으며
저마다 색깔과 속내 내보인다
만개하기 전 붉은 장미꽃은
독기를 품은 듯 아름답다
그토록 아름답던 장미꽃도
시들 땐 추하기 그지없다

아름다운 향기가 어둠 속에서도
별빛 품고 초저녁 이슬 머금은 당당함
국민성 내보이는 것 같다
시들어가는 그 모습에서도

사랑을 이루고자 향기 찾는
나비의 힘찬 나래짓에
희망이 서려있듯
장미의 날카로운 가시에
시들어가는 이방인 삶 뒷면을 본다

그래, 그렇지, 세상은 공평하니
장미의 아름다운 이면엔
깊은 상념 담겨있거니.

보고 싶다

하늘이 조금씩 흔들린다
별이 우르르 쏟아지면서 흔들린다

내 가슴도 흔들린다
흔들리는 가슴속에서
보고 싶은 얼굴들이 우르르 쏟아진다

오늘따라 아이들 보고 싶어
가슴이 녹아내린다
그리워도 그립단 말 못하고
보고파도 보고프단 말조차 못했다.

보고픈 얼굴들이 우르르 쏟아진다
오늘따라 외로움에 가슴이 휘청거린다.

마음의 섬

그래 시인이 되자
마음 안에 아름다운 섬 하나 있으니
누가 뭐래도 나는
시인다운 시인이 되고 싶다.
그제도 시인의 마음에 나무가 자랐고
오늘도 시인의 마음에 꽃이 피었다

어깨에 등불 밝히고
술 취한 채 엎디어 잠들지 않으리
잠든 나의 마음에
가시 같은 풀이 돋을까 두려워
내 마음 늘 깨어있으리

내 마음의 섬
언제나 그곳엔 꽃 피고
새가 찾아오는 섬이고 싶다
오만한 섬이 아닌
진실한 마음의 섬이고 싶다.

사랑의 편지

편지는 보내지 않습니다
보낼 곳이 없으니까요
내게 남은 소중한 시간들
무슨 수로 감당했고
고요한 단신의 가슴속에
불을 지피겠습니까
답장은 보낼 것 없습니다
세상이 서럽지만
이젠 더 이상 당신께
아픔 주지 않으렵니다

그저 오늘처럼 그 자리에서
내 마음만 받아주시면 됩니다
사랑한다는 편지는 보내지 않습니다
우리는 서로의 눈빛만으로도
사랑을 주고받고 있잖습니까!

산(山) 사나이

하늘을 찌를 듯 높은 산
하얀 옷으로 몸을 가리우고
손짓하는 신기루여
고독을 연기처럼 날리고
백설로 뒤덮여 응고 된
빙벽의 아름다움
어머니 품처럼 애끓는 향수

숨겨진 동공 속
꿈처럼 아름다운 킬리만자로
보석처럼 빛나는 거대함이여
억겁이 백설의 고드름으로 달려있는
신의 비밀을 가슴에 품은 그 위에
세상의 깃발을 꽂고
그 웅장한 품속에서 횃불처럼 타올라
하늘에 빛으로 산화한 산(山) 사나이

섬광처럼 번쩍이는 별빛
쏟아질 것 같은 킬리만자로여
너를 볼 때마다
나는 갈증으로 목이 탄다.

겨울나그네

일요일이다
캔버라 가는 고속도로
햇살도 정오를 지나
해거름으로 가는 길목에 서있다
지난여름 산불로
입성을 다 태워버린 겨울나무들
힘없는 햇살을 등에 지고
그림자 길게 누워있다
짧은 겨울의 하루 해도
앙상한 가지 사이로 넘어간다
겨울나그네에겐
차창으로 스며드는
한 줌의 햇살조차 다정한 오후다
잠시후면
캔버라의 시린 바람과 만날 것이다
움츠린 어깨너머로
긴긴 겨울 밤이 서러울 것이다
나그네의 삶이 그런 것처럼.

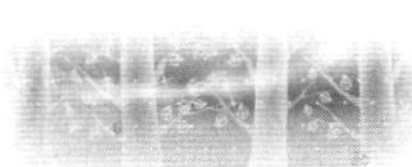

미풍

하늘을 향해 곧게
사철 푸르고
의연함으로 살리라 하였지
갈대 같은 마음 행여 보일까
두 눈 부릅뜨고 살아온 세월
이제는 더 이상
숨기고 싶잖은
갈대이고 싶다
미풍에도 파르르 떨며
바람 부는 대로
허리 굽힐 줄 아는
여린 속마음 내보여도
한 점 부끄러움 없는
작은 새들이 날아와도
보금자리 되어줄 수 있는
갈대 숲이고 싶다.

백합

어쩌자고 너는 이 땅에
순백한 넋으로 와서
겨울바람에 오금 저린 나뭇잎
선잠을 깨우고
차마 못다한 말 있는 듯
앙다문 꽃잎에 낙인을 찍는가

언약도 없이 시린 등뼈 위에서
팔랑팔랑 몸을 흔드는
산기슭에 풍경이 되어
하얀 백합으로 내 마음 흔드는가

백장미

눈물도 말라버린 삶의 계곡
너는 언제부터 하얀 넋으로 와서
헛헛한 바람부는 언덕에
어쩌자고 그리도 곱게 피었는가
욕심이 비계덩이처럼 성성한 도시에
어쩌자고 이리 깊게 뿌리 내려
너 곱디고운 향기 하얗게
내 동공을 열어놓는 아침이구나

고요하고 청초한 네 모습 보면서
그동안 잠겨있던
내 가슴 문이 슬몃 열리는구나
그동안 느끼지 못했던 내 영혼
너는 순백으로 깨우는구나
중년의 봄이여
하여 더 슬픈 봄이여
네 뼛속에서 뿜어내는 향기
온 세상 속 그득했으면 좋겠구나

제3부

거울 앞에서

거울 앞에서. 1
– 아침의 투영(投影)

욕심과 허상을 가득 안고
빈 몸으로 떨고 있는 사내가
머리엔 잔설을 이고
옆구리엔 비밀주머닐 차고 서 있다

발설해선 안 되는 비밀인 것처럼
저만 알고 남은 모르듯
꾸부정한 모습이 측은하다
그래, 나 자신이 날 껴안고 가야지
누가 껴안고 가겠는가
암, 온몸으로 껴안고 가야지

투명한 반사경 속 그 사내는
자신의 죄목을 낱낱이 고백하며
하루하루를 참회하며 살아간다

거울 앞에서. 2
-저녁의 투영(投影)

주인의 몸을 떠난 유령처럼
실상과 허상으로 대면하고
서로의 간극을 살아온 삶
그림자의 진상을 자복하며
참모습으로 둔갑하려고 안달이다
이미 닿을 수 없는 반대편이 된
피사체의 교만이 투영된
제 모습을 비방하며
그 사내는 바로서기를 원한다.

내게서 복제된 꾸부정한 중년
살아오는 동안, 여태껏
제어할 수 없었던 시간들
거울 속에 묻어나온다
어둠 속을 떠다니는 적요처럼
생의 정수리를 채우고 들어앉아
저항할 수 없이 조련해가는 음모
자신도 모르는 비밀을 감춘 채
결코 질식할 수 없는
나르시스가 돼 평생 살아온
그 사내가 이젠 바로서기를 원한다.

소년의 꿈

실버들 늘어진 실개천 따라
물안개 군무를 추며 하늘에 오르면
소년은 새하얀 꿈을 꾸었지

아득한 추억의 갈피 속에 끼여
한 줌 남아 있는 고향의 실개천
내 마음 같았지
바람 불면 찰랑찰랑 춤추었고
봄볕 따라 잔잔하게 노래불렀지

해맑은 웃음 수면에 비치면
꿈 많던 소년 잇속 드러내며
활짝 웃곤 했는데, 지금도
내 고향 실개천 그대로 있으려나.

고향의 친구여

내 고향 충청도에 두고 온
추억 한 장 펼쳐놓고
그리운 얼굴 하나, 둘 되새겨본다
내 절망의 나락에 임했을 때
내 등 잡고 끌어올린 친구여

어릴 적 꽃밭 가꾸고
뛰놀던 운동장에서 떠나는
내 뒷모습에 눈물짓던 친구여
태평양 너머 고향땅 너무 멀어
볼 수 없는 그리움
내 작은 눈에 눈물 고이고
힘들고 고달팠던 삶 속에도
내 가슴속에 옹이로 박혀있는 친구여

아무도 믿어주지 않는 세상에
자네는 나를 믿어주었고
내 빈 주머니에 노자 넣어 준 우정
달빛 별빛 반짝이는 새벽에
그대 얼굴 가슴에 담아
물결 일렁이는 캔버라 호숫가에서
두고 온 추억 한 자락에 취하여
그대 이름 불러본다.
고향에 두고 온 그리운 친구여.

가을 저녁

달빛은 외출중인지 보이질 않고
별만 총총한 가을저녁에 바람 따라
한 무리 기러기 서녘 하늘 가른다.

가로수 미루나무엔 노란 단풍잎 매달려
춤추고 건너편 동네에서 비추는
희미한 불빛 껌벅껌벅 누군가를 부른다

이름모를 풀섀 울분을 토하고
호숫가 귀뚜라미 노랫소리 그칠 줄 모른다
삶도 희망도 한 순간 사라질 것이기에
적막만 가득한 하늘에
내 희망하나 만들어 올려보낸다

저녁엔 또 하나의 바램
시드니 하늘로 띄워 보내고
삶의 길 위에서 찾아오는
또 다른 희망하나 가슴에 품는다

캔버라의 가을 밤하늘이 차다
내일은 서리가 내릴 것인지
바람이 내 가슴속으로 파고든다.

캔버라 단풍

구름 따라가며 내리던 비 자취 감추니
먼 산엔 한 폭의 산수화 펼쳐놓았다.
춥지도 덥지도 않은 날씨에도
계절은 시계추에 맞추어지고
느릿한 일상은 밋밋하기만 하다
호수 따라 솟아오른 캔버라 검단산엔
선명한 단풍잎 붉은 날개를 펼쳐 놓았고
산자락 오솔길 따라 우뚝 선 미루나무는
노랑저고리 입었구나

낯선 땅, 남십자성 아래 의붓아들로 들어와
삶을 일구어 온 지 스무 해 넘어가건만
아직도 서늘한 바람이 코끝에 스칠 때마다
가슴속엔 진한 그리움 향수로 울렁인다

두고 온 정 무슨 미련 그리도 많아
북쪽 하늘 한동안 바라보아도
북두칠성 어디 있나 알 수 없구나.

중년의 가을

달은 은쟁반처럼 부풀어올라
내 외로운 창가를 비추고
캔버라의 풀벌레소리 귓전에 맴돌고
어느새 중년의 가을이 성큼성큼 걸어와
옷깃을 스치고 지나가
낙엽은 소리 없이 떨어져
거리에 나뒹구는데

올 봄에 얻어와
화단에 심은 국화꽃 향기
대지에 휘날리는데
삶에 지쳐 계절을 잊고 살았던
나의 가을이 어느새
내게 살포시 미소를 던진다

서리 내린 기와지붕엔
까치 한 마리 깍깍깍 새벽을 깨우고
이슬비 내리는 산책로엔
오가는 사람조차 보이질 않아
스산한 내 마음만 오솔길을 따라간다.

봉선화

우리 어머니 애지중지하시던
장독대 틈새에서 기지개 켜던
울긋불긋 여리디여린 꽃송이
내 마음에 자릴 잡았다
장독대 드나드시던 우리 어머니
금순아. 명순아. 손톱에 물들여라

섬섬옥수 고운 손에 꽃물들인 큰누이
동네방네 다니며 자랑했고
작은누난 잘못 물들었다 투정이었다

지난 세월 추억 한 장 꺼내들고서
이 도시 저 도시로 힘겨운 삶
살아가는 누이 생각에
찬 이슬 머금은 진홍빛 봉선화 바라보니
고향집 그 시절 마냥 그립구나

이민자

모두가 지상낙원이라는 말에
꿈자락 둘둘 말아 가방에 넣고
덩달아 선택한 땅 호주
낯설고 말 설은 시드니에 둥지 틀어
그리도 소중하다는 돈, 돈, 달라($) 돈 주머니에 넣었다

모두 잠든 밤, 텅 빈 사무실 청소
불볕더위 사막의 광산촌
땅 파는 굉음 요란한 공사판
시간 따라 떠돌던 삶
언젠가 멈춰서 보니
헐레벌떡 강산이 두 번
아니, 세 번째 바뀌려 든다

고단했던 길 후회도 많았지만
때론 많이 웃고 울기도 했지
지고 온 꿈 보따리 반도 풀지 못했는데
아직도 넘어야 할 고개 높고 험하다

20대 젊은이 어느새 잔설로 뒤덮인
중년 사내 돼 그늘진 호숫가 모퉁이에
쪼그려 앉아 멍하니 하늘만 바라본다
아직도 못 다 이룬 꿈
두고 온 고향생각에 눈시울만 뜨겁다

먼 훗날

한 사람 사랑하여
시시 때 때 불어오는
내 안에 무서운 속내
잠재워주시고
당신의 품안에서
사랑하는 사람들을 위하여
이 목숨 다하는 날까지
땀 흘리게 하소서

먼 훗날에 가문비 나뭇잎
노을처럼 뿌려지는 대지에
깨끗한 내 영혼
당신을 부여안고
그래도 한 세상 아름다웠노라
노래부르게 하소서

내 오늘은 땀 흘릴지라도
먼 훗날, 아주 먼 훗날
당신 앞에 서는 그날엔
내 삶의 소중했던
시간의 뒷모습이나마
자금자금 비춰 주는
노스탤지어의 별이 되게 하소서

내 사랑하는 아이들에게
부끄럽지 않은
아버지로 남게 하소서

결실

호주의 가을
올해는 비를 머금은 바람이
예고 없이 불어와
덜 익은 과일들을 다 떨어트린다

결실을 기다려
가슴 뿌듯한 농부들
시간들이 도리질할 터인데
겨우 땀 식히고
잠들었을 농부들
선잠 깰 터인데
얄미운 가을바람

맥주 한 잔

외롭고 허전한 밤
시드니의 가족 보고파서
허공으로 담배연기 후~후~날리며
쓸쓸한 마음 혼자 달래본다

맥주 한 잔 들고 발코니로 나간다
알싸한 맛 입속에 감돌면
내 그리움 바람결에 뒤섞여
중년의 사내 가슴속으로 뛰어든다

샛별 같은 내 아이들 음성이
허공 속에서 나를 위로한다
"아빠! 힘내세요"
그래 너희가 나의 사랑이구나
순간 내 외로움 훨훨 하늘로 날아간다.

길 위에선

삶이 이글거리는 길 위에선
서로의 눈길에 희망이 교차된다
땀 내음 묻어나는 길 위에선
설렘의 흔적들이 교감한다

색깔이 익어가는 삶의 계절엔
꽃들이 다투어 빛나기를 원한다
그 꽃 속에서
나비는 즐거움에 기꺼이 자신을 내어준다

삶이 익어가는 길 위에선
서로의 어깨를 밀치려 하지않는다
서로서로 기대면서 걸어가는 것이
꿈을 익히는 길 위에 서있는 사람들이다.

별천지

내 고국에선
겨울에 피는 동백꽃이
시드니에선
시도 때도 없이 핀다
봄에 피는 춘란까지
저 보란 듯이 방글거린다
참 별천지다

하긴 가을에 장미가 핀들
겨울에 난초가 핀들
저 좋아 피는 걸
길손이 어쩌랴
그냥 그대로
제 잘난 멋으로
피었다 지고싶어 피는 걸
그냥 보고만 지나가란다
내 마음 밖에 그냥 놔두란다

봄이라 맘 설레지도 말며
가을이라 쓸쓸해하지도 말란다
모질고 거친 세파에
그저 보이는 대로 보면서 살란다
맞대질 하지 말란다
웃고 싶으면 웃고
울고 싶으면 울란다
동백꽃이 사철 핀들
저 좋아 핀단다
저 좋아 핀단다
이방인들이 살아가는 별천지엔

빗방울

캔버라에 겨울비가 초연하게
내리는 날
홀연 내 마음에
꽃 한 송이 새록새록 피어납니다

언제부터인지 알 수 없지만
내 마음 깊은 곳에 자리 잡아
아름답고 소중한 꽃으로 피어납니다

흔들리는 마음 순간순간 잡아주고
온화한 글밭으로 날 이끌어주는
마법의 꽃으로 피어납니다

진실한 삶의 땀방울로 피워내는
꽃송이 상처 나지 않도록
시간시간 소중히 가꾸어보렵니다

황소

굵은 뿔비녀로 머리를 동여매고
이슬 맺힌 커다란 눈망울로
슬며시 고개 돌려 날 바라보는 너
눈 속에 세상이 있고 우주가 머무는구나

네 할아비 연자방아를 돌렸고
아비 수레를 끌어
대를 이은 고달픈 삶이 고여있는
슬픈 눈망울 바라보면서
내 안에 잠재된 어린 날이 날개를 다는구나

네 등을 타고 어린 시절 보냈고
너의 힘든 쟁기질 덕분에
내 입에 밥술 떠넣었고
책가방도 들 수 있었는데
이젠 널 보내야 할 때
내 여린 가슴속엔 작은 슬픔이 이는구나

가난한 내 마음 머물 길 없어
긴 한숨 허공에 날리며
오늘도 부끄러워 등 돌리고
먼 하늘만 바라보는구나.

초원

끝없이 펼쳐진 지평선 너머로
한 떼의 먹구름 몰려오더니
소나기 한 줄기
빗금 긋고 지나간 자리엔
초목이 너울너울 춤춘다

초원에 뛰노는 흑우(黑牛)들
발걸음 한가롭기만 한데
두고 온 내 고향 누렁이는
오늘도 밭 갈고 논 가느라
허리가 휘었겠다.

이랴 이랴. 워이 워이
내리치는 고삐
철썩철썩 길 재촉하고
농부의 얼굴에 깊은 시름
큰놈 팔아 큰아들 대학 보내고
작은놈 팔아 누이동생 시집 보내던
그 시절이 그래도 가장 행복했구먼
하시던 시골 촌부
아버지의 음성 이젠 들을 길 없고
초원에 한가로운 소들로 인해
내 추억도 시들어간다.

정오의 고요

텅 빈 거리엔 한 줄기 실바람
나뭇잎 흔들며 지나간다
바람 떠난 그 자리엔
아스팔트 이글이글 전율하고
태양은 여전히 열기를 뿜는 정오
문득 스치는 생각이
숨겨놓은 추억의 책장을 넘긴다

군대 간 손자를 기다리며
매일 밥상 차려놓고
파리 쫓던 할머니
주름진 눈가엔 고난의 삶
흔적으로 남아있고
굵어진 손마디엔
세월의 한 서렸다

오지 않을 줄 알면서도
기다리는 그 마음
내 어찌 헤아릴 수 있으랴
중년에서 바라보는 정오의 고요함이
내 생의 갈림길에서
아련함으로 남아 마음이 아리다

오늘처럼 고요로운 날에
추억의 책장을 넘긴다.

눈썹달

하늘에서 꽃잎이 춤을 춘다
바람아 구슬피 울어라
내 추억의 시간이 퇴역한 병사처럼
아쉬움에 목이 메어 허공에 소리쳐본다

긴긴 날 공허한 가슴
허우적대던 몸부림
침묵의 강가에 노 저어본다
어둠이 물든 밤하늘로
하얀 눈썹달 있는 그곳까지

내 가슴속에 접어둔 똬리 풀고
휘~훠~ 큰 날개 펼쳐 날아보련다
그대 향기 속에 하얀 향기 피어날 때까지
그대와 나의 별 깊은 잠에서 깨어날 때까지

동반자

아름다운 삶의 향기 넘쳐나는 사람아
가슴 깊은 곳에서부터 은은한 향기 떠도는 사람아
내 삶의 길 위에서
시간시간 꺼내볼 수 있는 거울 같은 사람아
우린 언제까지나 인생의 동반자 되어
서로에게 아픈 상처 물들이지 맙시다

미혹의 안개 속 같은 삶에서도 흔들리는 바람처럼
서로의 나래 살포시 덮어주는 그림자 되어
환영에 유린당하지 말고 지나간 상처 돌아보지 말고
앞만 보고 나아갑시다

뱀의 꼬임에도 지혜를 거듭하여
탕아처럼 돌아오는 기다림 있다는 걸 잊지 맙시다
내 삶에 당신이 있어 내가 있습니다.

제4부

그 이름들 지워질지라도

황홀한 무대

혼자 하는 밤
그리움 사래질하며 적막을 흔든다
시드니 햇살이 진주 빛깔로 반짝이더니
흑색으로 퇴색된 홀로 걷는 길목이 암흑 같다
혼자 하는 밤
두려움 상실한 지 또한 오래
고독이 날개 접어 좌정한 지 오래다

수평선 끝자락 은빛 파도 출렁인다
여기저기 색깔 다른 가면들이 굴러다닌다
너도나도 가슴 한구석엔 한 움큼씩 숯등걸 달아
황홀한 무대 뒤에서 적막함에 치를 떨고 있다
내면에 숨겨놓은 고독을 꺼내보면서.

누군가를 위하여

여보시오, 거기 아무도 없소?
파도가 부서지는 벼랑 끝에서
큰 소리로 불러본다
불러도 불러도 대답 없는
적막한 밤일지라도 누군가를 향해

뼛속에 파고드는 시드니의 한겨울
들판에 버려진 한 포기 풀이되어
하얀 토끼풀꽃으로 피어나
그 누군가에게 행운으로 바치고 싶다
그 누군가에게 꽃반지 되어주고 싶다
사랑을 위해 날 바치는 일이라면

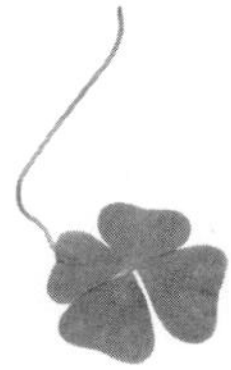

윷놀이

외로움의 늪 향해
가슴에 흐르는 눈물
그 누가 알랴

초로의 사나이
눈물 하염없이 쏟으며
긴 세월 외길 인생
야무진 입술 씹으며 걸어왔건만
숙명의 이방인 길목 앞에
사랑에 걸신들린 걸구처럼
외롭게 걸어온 길

갈증으로 목마른 시간 부여잡고
가야만 하는 길이라면
어차피 한세상 던져진 윷가락
그래, 개도 좋고, 모도 좋고,
걸이라도 좋은 인생 아니더냐.

고향이 그리우면

달빛이 뭉글뭉글 손짓을 하고
시간도 아쉬움 바람에 띄운다
오늘 밤도 달빛은 서녘에 걸려있고
시드니의 야래꽃 향기도
서서히 고개 숙이는 밤

지금쯤 내 고향엔
붉은 장미꽃 열정 불태워
아카시아 꽃향기 수줍음에 몸을 떨텐데
내 그곳에 없음이 애잔하다

고향이 그리울 때면
사나이 속내 쓸어내어
혼자 눈시울을 적신다
고독 벗하지 않으려 몸부림한다

지난날 핏빛 서러움 앞에서도
초지일관 운명의 업이라 생각하며
오늘에 이르지 않았던가
나 어쩌다 수십 만리 타향에서
고향을 그리워하는 것이냐.

촛불

천만 리 먼길 떠나 타국에서
빈 마음 걸음걸음 황무지를 걸었다
비바람 부는 언덕에서도 비켜간 세월
땀 흘린 시간 앞에선
피부색 다른 이방인도 한마음 돼주었고
겨울나그네의 이부자리가 되어주었다

진홍빛으로 멍울진 길목에서 아플 때마다
아스라이 바라본 고국의 하늘과 산야
내 앞에 펼쳐놓고 마음을 다독였고
그때마다 고향내음 내 품으로 안겨왔다
어머니 마음처럼 사랑의 촛불 밝혀줬다

삶이 찬바람 맞을 때마다 허공에 속삭였다
바람이 아무리 매서워도 이겨내라고
애련함으로 깊어진 정이나마
밝은 내일을 위해 밤새도록
내 마음 촛불로 밝히라고
어제처럼 바람 부는 언덕에서도
삶의 농부 되어 날 태우리라고

아침 운무

산 능선에 통나무로 세운 머무름 집
굽이굽이 골짜기마다
잿빛 안개 쉼 없이 무리를 지우고
하얀 무리 위에 선
바람이사 삶의 긴 여정 같구나

때로는 삶의 귀로에서 아파하는
인간의 마음 보듬어 줄 것 같은
맑은 통유리 안에서 바라본 운무
아침의 싱그러움도 감히 접근금지다

마음의 꽃 라벤더 향기처럼
살아 숨 쉬는 내면의 언어
빈 마음으로 안고 지는 오늘의 인연
뉘라서 저울질하랴
내 마음의 바람도 아침 운무를 타고
깊은 산 능선 따라 날아가는데.

가뭄

호주에서도 벼농사를 짓는다는
소식 듣고 서둘러 찾아가본
풍요의 땅 와가와가
이곳저곳 두리번두리번 논을 찾았지만
내 눈엔 영영 보이지 않고
소떼만 한가로이 풀을 뜯는다
지나는 길손에게 까닭을 물어보니
10년째 가뭄이 들어 농부들이 떠났단다

여기저기 손짓 따라 둘러본 논엔
잡초들만 가득하다.
길섶에 앉아서 농촌을 떠난
사람들의 마음 헤아려본다
사라진 물 찾아 헤매는 농부의 마음
내 어찌 알까만
갈라지고 뒤틀린 땅 뒤로하고
발길 돌린 그 마음 오죽하랴

가뭄에 목마르고 시름에 겨워
물찾아 정착한 그 어딘가에서
오늘도 논밭 갈 억센 손 생각해본다
떠난 사람 사는 곳이 어딘지 모르지만
둥지 틀어 머무는 곳 농부로서 행복하기를,

흩어진 기억조각

낡은 일기장 열어보듯
머릿속 깊이 숨겨놓은
흩어진 세월의 조각들을
주사위처럼 맞춰본다

아파서 죽을 것 같던 미움이나
마음속 절절히 불타던 사랑마저
한때 철없던 시절이었나 보다
아무리 짜맞춰 봐도
잘 맞춰지지 않는 조각들

지난 세월 거울처럼 들여다보니
내 눈가에 접혀진 주름은
아프게 살아낸 세월인가 보다
노을지는 언덕 위에 서고 보니
용서 못할 것이 무엇이며
이해 못할 것 또한 무엇인가

두 눈 지그시 감아보니
지나온 내 삶이 선하다
다시 돌아갈 수 없는 시간 앞에선
소중하지 않은 것 무엇이랴
남은 내 세월도 비단 햇살만 가득할까만
이제라도 남겨질 내 시간들은
소중한 추억으로 만들어가야 하리
인생길 모두 행복하기만 하겠는가.

산불

1
이른 아침부터 서북풍 불어
대지를 말리더니
메케한 냄새 콧속으로 스며든다
뿌연 연기 속으로 소방차 내닫고
바람에 실려온 성난 불씨
산을 넘고 들을 지나
사방으로 휘몰아친다

온종일 바람을 등에 업고
미친 듯 춤추는 붉은 혓바닥
초원을 태우고도 모자라
수 천년 고목을 태우며
사람들 둥지까지 화염으로 뒤덮는구나

2
거리엔 절박한 아우성
인산인해 이루고
길 잃은 어린애들
엄마 아빠 찾아 헤맨다

아! 신의 저주인가!
환경의 복수인가!
태곳적부터 되풀이 되는
화마의 현장
뿌리째 뽑혀와 정착한 나그네
오늘따라
되돌아가고픈 마음 간절하지만
뿌린 씨앗 반도 여물지 않아
이것저것 되새기는 마음
훌쩍 떠나지 못한다.

고백

1
세월 따라 삶이란 틀 속에서
밖을 내다보니 어느새 내 청춘
희끗희끗 서리로 내리는구려
당신과 함께했던
수많은 날 되돌아보니
우윳빛 같았던 당신의 얼굴
어느새
구릿빛 삶으로 어룽져있구려
청녹색 마차가 열두 번 변해
황금빛으로 찬란하게 빛나도록
당신은 온 힘으로 가정을 지탱해주었고
하늘에 별처럼 빛나는
아이들로 키워주었구려

2
지난날 다하지 못했던 사랑
이제라도 행복의 꽃길 만들어
당신께 드리고 싶구려
그동안 고맙고 소중하다는 걸
머리에 잔설 앉고서야 깨닫게 되는구려
지금껏 다정한 말 한마디 못했지만
내 남은 삶 당신의 우렁신랑 되어
변함없는 사랑 넘치도록 부어주리라
내 손 놓지 않고 잡아준 당신 있었기에
온 세상 아름답게 꽃피울 수 있는
가정이란 소중한 둥지가 있었음을
내 어찌 모르리요, 당신을 사랑합니다.

석양을 바라보며

노을이 질 때 도착한 집
감빛으로 단장해 놓은 둥지에
돌아온 이방인 사내
멀리 서녘 하늘을 바라보누나

누구의 작품인지 석양에 수채화는
아무도 따를 수 없는 색깔로 칠해져
온 산하를 덮었구나

어릴 적 누나 등에 업혀서
뒷동산에 올라 저녁노을 바라보며
장에 간 어머니 기다린 그날
그 빛깔과 너무도 닮았구나

온종일 칭얼대던 나를 달래던
누이는 어느새 할머니가 되었고.
나 역시
하얀 잔설 뒤덮인 중년이 되었구나

하루 이틀 세월 따라
흐르는 삶
매일같이 바라보는 노을이건만
오늘은 왠지 두렵기만 하구나

언젠간 떠나가야만 할 삶
세상 미련 내 가슴에 가득 차
우두커니 서서
아름다움도 잊은 채
하염없이 눈물 흘리며
석양을 바라보고 있구나
어리석은 자여…….

3.1 절

장백산맥 뻗어내려 흐르다 멈춘 땅
산줄기 자락 따라 강줄기는 흘러갔다
옹기종기 모여 이룬 마을마다 도시마다
의기와 기개로 뭉쳐 흰옷 입은 사람들이
뿜어내는 함성소리,
대한독립 만세! 대한독립 만세!

사람마다 손에 손에 태극기 들고
우리 일은 우리가 한다. 민족자결
멈출 수 없는 고동, 천지를 뒤흔들고
단 하루를 살아도 자유와 평화,
대한독립 만세! 대한독립 만세!

야만인 쇠줄에 묶인 팔다리
이제야 풀고 피 맺힌 한 뒤로한 채
온 세계를 향해 외쳐대는 함성!
우리는 자유인!
대한독립 만세! 대한독립 만세!

오천 년의 역사여 민족의 영광이여
드넓은 요동벌 만주벌 우리의 무대였고
최초의 동양문명 홍산문화 꽃피웠다.
인간사 어딘들 만고풍상 없겠는가

수치와 치욕은 동해바다에 던져버리고
선열의 뜨거운 피 가슴에 되새기며
뒤돌아보지 말고 앞으로 앞으로
세계로 가자
아, 아!
대한독립 만세! 대한독립 만만세!

호수의 노을

감빛 석양은 호수에 잠기고
부들 숲 속엔
고니 울음소리 요란하다

길 잃은 새끼오리
하염없이 어미를 부르고
속절없는 어미는
먹이 찾아 헤매는구나

가을 갈댓잎 바람에 흔들려
물결 위에 나부끼고
찾는 이 없는 외딴섬엔
조각구름만 머물러있구나

쓸쓸한 하루
이렇게 저물어가지만
다시 찾아올 새벽을 위해
나그네 발길을 돌리는구나

이민 초기. 1

늦은 밤 낚시터에서
두 노인 내외가 내게 다가온다

"한국사람이예요?"
"그렇습니다!"
"영주권있어요?"
"없습니다!"

두 내외 말없이 내 곁을 떠나버렸다.

10년 후,
식품점에서 우연히 두 내외를 만났다.

"영주권 받았어요?"
"아니요!"

두 노인,
우리 부자가 불쌍한 듯,
과자 한 봉지를 아들에게 사주고는
아무 말 없이 유유히 사라진다

그 사람들 그림자 바라보며
하하하 그럼요!"
우리 가족은 분명 호주 시민이지만
영주권자는 아니라니께유
세상 겉으로만 보지 마시라니께유

이민 초기. 2

교회에 나갔다
권사님 한 분이 살며시
내게 다가와 묻는다
"총각인 것 같은데 무엇하는 사람이죠?"
"대학은 나왔어요?"
"아뇨!"
공사판에 다녀요."
얼른 대답했다.
권사님 종종걸음으로
뒤도 돌아보지 않고서
자신의 승용차로 들어가셨다

그 후
나는 교회를 옮겼다

십수 년 후
다른 교회에서
그 권사님을 다시 만났다
"결혼은 했어요?"
묻는 말에
"예. 아들. 딸이 둘 이유……."
얼렁뚱땅 대답했다.
그 권사님 잰 걸음으로 차에 들어가셨다

그렇지
나도 결혼도 할 수 있고
아들딸도 낳을 수 있었지…….

유칼립투스 나무

검푸른 산 빼곡히 집성촌 이루고
머리 풀 듯 헤쳐놓은 가지는
희고 두터운 갑주를 걸쳤구나

유칼립투스 나뭇잎 그윽한 향기
잠자는 나를 깨워주고
향에 취한 사람들 술렁이는구나
태초의 땅 이곳저곳 뿌리를 내려
대륙의 땅 여기저기 뿌리 내려
대륙 전체를 깔고 앉았구나

내 처음 호주에 왔을 땐
자작나무 사촌인 줄 알았는데
사촌도 팔촌도 아니란다
해마다 껍질 벗어 크기를 재촉하고
뿌리의 고인 물로
대지의 갈증 적셔주는구나

오늘도 나는
유칼립투스 그늘에 앉아
고마움도 잊은 채
삶의 땀 식히는구나.

삶의 여정

바람에 잔물결 흔들리는
적막한 호숫가를 돈다
놀란 쇠물닭
푸드덕 둥지를 떠난다

호기심으로 살며시 들여다 본
부들 숲 둥지에
누구의 흔적인지 작은 생명이 놓여있다
천둥번개에 놀라고 비바람에
날개를 적시며
인고의 시간 구름처럼 흘러
새 생명 껍질 벗고 빛을 보려나 보다

쇠물닭의 힘든 삶이
내 가는 길을 멈추게 한다
한참 앉아서 돌아올 주인을 기다렸지만

길 떠난 주인은 오질 않고
부들 숲 여기저기엔 빈 둥지만 바람에 날고 있다
호수 물결 따라 갈대 잎들만 하늘거린다
나의 아침을 흔들며.

연어

달빛 별빛도 나른한 밤
심심유곡 바위틈에서 유복자로 태어나
축복받지 못한 삶 눈비비고 일어난다
머나먼 물길 따라 시작하는 기나긴 여정

험로엔 수마석(水磨石) 사이사이
부릅뜬 눈들 덫을 놓고 대기한다
돌보는 이 없는 길엔 물결만 출렁이는데
목숨 건 날렵함 바다 건너갈 길 재촉한다
요동치는 검푸른 바다 속에
밀물에 씻기고 썰물에 깎이면서
하찮은 삶 몸집 늘리고 꿈 키워
귀향의 설렘에 끓는 여정 자맥질로 불태운다

태고의 기억 속에 숨겨둔 고향 찾아
비늘 가죽 벗겨가며
사활(死活) 건 고난의 길 힘차게 질주한다
돌아온 바위틈에 생의 씨앗 흩어놓곤
기쁨도 잠시, 목숨줄 놓는구나

목숨 다한 몸뚱어리 사방으로 휘 뿌려져
풀뿌리 나무뿌리에 축복으로 나눠지고
오가는 길손에겐 아쉬움만 남기누나.

그리움의 패랭이꽃

산책로 풀숲 사이
애잔히 피어난 패랭이꽃
연분홍 꽃 빛깔은 도회지로 시집간
누님의 연지를 닮았다

촘촘히 퍼져나간 가지엔
희망의 꽃몽우리 매달려 있고
거친 논두렁 밭두렁에 뿌리 내려
고단한 삶의 여정
분홍꽃 희망으로 수를 놓는다.

천둥번개 비바람에도
억겁의 세월 흘러도
그칠 줄 모르는 삶의 향기
내일 향한 부푼 꿈 꽃망울마다
하루 이틀 영글어 간다.

산불

캔버라에 산불이 났다
붉은 화마 긴 혓바닥으로
온 산을 삼키는구나

저 가냘픈 산꽃들을
어쩌란 말이냐
아기캥거루, 산토끼 울음소리
내 귓가에 여울진다
아침마다 노래하던 산새들
오늘은 온몸으로 울고만 있구나

태평양 거친 비바람 막으며
의지해온 나무들이
오늘은 까만 뼈대 드러내고
목놓아 울고 서있다.
바람을 원망하는
저 애절한 비명을
어쩌란 말이냐

병든 영혼

대지는 초원을 이뤄 바다처럼
아름답게 펼쳐진다 해도
내 안에 사랑의 빛 없으면
어디에서 가을이 익을까

날마다 홀로 열 수밖에 없는 아침
뭇새들 찾아와 노래한다 해도
내 안에 기쁨 없으면
어디에서 동백꽃 피울 수 있을까

태양이 빚어놓은 빛깔이
아무리 곱다 한들
시든 영혼에 매달린 사랑처럼
이슬 같은 인생이 아니더냐
아침에 피었다가 저녁에 지는
나팔꽃의 미소가 아니더냐.

캔버라의 아침. 1

연일 내린 장맛비 멈춘 아침
붉은 태양의 미소가 중년의 삶에
생기를 불어넣는다
비에 씻긴 대지
본연의 색감 드러내고
온통 정결함으로 춤을 추는
캔버라의 여름이 질푸르다
원시의 때묻지 않은 본향 같은 도시
나는 매일 너를 만나면서
가슴속에 새로운 글밭을 일군다
텅 비어있던 내 안에
깊고 무거운 너를 담는다
천 년의 도시 호주의 캔버라여!

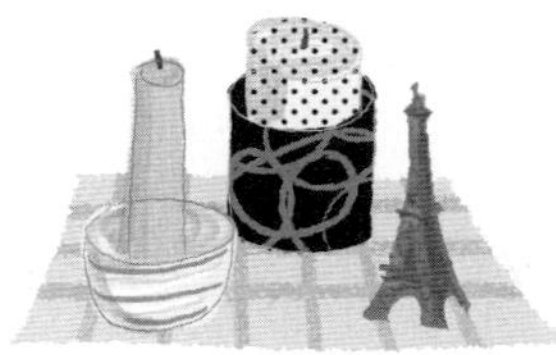

캔버라의 아침. 2

싱그러운 미소로 시작하는 아침
산책으로 시작하는 내 삶에
언제부턴가 너는 따뜻한 첫 손님처럼
텅 빈 내 가슴속으로 찾아왔고
내 인생에 큰 설렘으로 꿈틀거리며
여명으로 다가와 잠든 나를 일깨워주었다
언제부턴가 겸허하리만큼 낮은 자세로 살라고
초원은 나를 향하여 손 흔들어주었고
내 삶에 찬란한 문학의 기쁨 맛볼 수 있는
깨달음 주려고 밤새 장맛비 내 창을 때리더니
오늘도 캔버라의 태양은 붉게 떠오른다
만년이 흘러도 영원할 호주의 캔버라여

바람아

자연을 사랑하는 나는
매일 그 시간 그 자리
흑조 가족이 노니는 호숫가로 간다
아침 안개 사이로 스쳐오는
바람아
너에게 나는 손님인가
나는 너에게 손님인가

매일 만나도 반갑게
내 귓가에 속삭이는
너의 노래
내 발길 멈추게 하는구나
내 가슴에 작은 슬픔
일렁이게 하는구나
너는 나의 사랑인가
나는 너의 사랑인가
바람아

친구들 생각날 때

바닷가에 홀로 앉아
곱게 씻기진 모래밭에
고향 친구들 이름 새기고
그 옆에 내 이름도 크게 새기고 싶다

이역만리 쉷기만 한
바닷가 모래밭일지라도
사무치게 그리운 나의 친구들
이름을 새기고 싶다

내일 바닷물 몰려와 씻겨갈지라도
오늘 그리운 이름들을 새기고 싶다
밀물이 잇달아 달려와
그 이름들 지워버릴지라도.
왜 나를
먼 태평양 건너 갈라놓았느냐고
그렇게 새겨놓고 싶다

제5부

마법의 꽃

고향의 봄. 1

내 고향 충청도 계곡에 봄이 오면
수양버들 휘늘어진 둑길엔
샛노란 개나리 만발하고
진달래 온 산을 붉게 물들이면
아지랑이 아롱아롱 춤추곤 했는데
지금은 어찌 변했을까
그리운 내 고향 산천…….

달님 해님 따라 흘러간
내 고향 충청도 계곡에 봄이 오면
졸졸졸 개울물 따라 소년의 마음도
끝없이 흐르곤 했었는데
지금도 그 계곡엔 맑은 물 흐를까
그리운 내 고향산천!

고향의 봄. 2

내 고향 충청도 계곡에 봄이 오면
누렁소 음매 음매 날 부르던 소리
지금도 귓전에 맴돈다
호숫가 거닐 때마다 물안개처럼
눈앞에 그리움으로 피어 오른다
그리운 내 고향산천 풍경이…….

토끼풀 꺾어 꽃반지 만들어 끼워주던 동무들
까까머리 부끄러움 모르고 발가벗고 멱감던
옛 동무들 눈앞에 아른거린다
청청수 흐르던 그 아름답던 계곡엔
지금도 그런 풍경 이어지고 있을까
그리운 내 고향산천!

속마음

겉과 속이 판이하다는 인간
하루에도 몇 번씩 가면을 쓰고
선과 악의 웃음 빚어낸다는 인간
투영기로 인간의 내면을 볼 수 있다면
어떨까?

시간시간 껄떡대는 욕망은
도시와 도시 샛길처럼
섬과 섬 사이 다리가 놓인 것처럼
서로 왔다 갔다 하면서
거대한 욕심의 도시 몇 개나
만들어질까?

그런 속마음 들키기 전에
내 가슴에 큰 창문 하나 만들어
때로는 빛을 가리기도 하고
때론 맑은 햇살로 가슴부터 말려야겠다
마음 단단히 묶어두어야겠다
마음밭에 태풍 불기 전
내 마음 들여다 볼 수 있는
투영거울 하나 만들어야지

내 살아가는 이유

혹 내가 이승에 없을지라도
누군가가 날 기억해주리
비록 가진 것 없어도 부끄럽잖은
내 평생 이루고픈 소망하나
중년 넘겨 이루었기 때문
그러기에 날마다 아침 햇살 따뜻합니다

내 소망 이룰 수 있었던 건
당신이 있었기 때문입니다
터질 듯 가슴 벅참 일깨운 건
산과 바다 그리고
반짝이는 별 있었기 때문입니다
그 속에서 시(詩)를 일궈
둥근 달 내 고향을 품었기 때문입니다.

가볍다 말하지 마소

나를 팔랑개비라 말하지 마소
이국 비릿한 내음 코끝에 스칠 때
울렁증에 속 뒤집히는 날들 많았건만
끈질기게도 버텨온 놈이오

시드니 가을바람에
빨간 단풍 몇 잎 길바닥에 나뒹굴 때
눈물 흘리는 여린 가슴 숨기고 살았소
빈손으로 겨울 나뭇가지에 매달려
맨 몸뚱어리 하나로 끈질기게 버텨온 놈이오

충청도 촌놈이 초록 기억 몇 개
더듬더듬 가슴에 품고 홀로 타국 땅 밟았소
때로는 거친 삶 놓고 싶을 때도 있었지만
하늘에 부끄럽지 않게 살고자 한없이 울었소

이 땅에 내 이름 새겨진 문패 하나 달기 위해
피부색 다른 이방인 속에서 피땀 흘렸단 말이오
그런 나에게 팔랑개비 같은 놈이라 더는 말하지 마소

검정고무신의 추억

아침 호숫가에 앉았다
새 한 마리 잽싸게 서편으로 날아간다
물안개 피어오르는 호수 위에
달그림자처럼 떠오르는 어머니 얼굴

한없이 바라보고 있노라니
소낙비가 내린다
그 비 맞으며
빗물이 우두둑우두둑 떨어지는
호수를 응시한다

내 고향 황톳길 따라
검정고무신 신은
까까머리 소년이 학교에 간다
신발 가득 빗물이 차오르면
짓이겨진 황토가 싫어
검정고무신 벗어들고 뛰어간다

아! 그랬었지……
그때는 그리도 가난했었지
아! 그랬었구나…….
그저 스쳐간
그 땐 모두 가난한 시절
그저 스쳐간 추억일 뿐인데
나는 왜
이토록 그 시절이 그리운 건가!

내 흔적 남기고 싶다

주춧돌 위에 기둥으로 서서
횃불 하나에 모아진 마음 되어
깊은 계곡 흐르는 맑은 물처럼
오천 년 버텨내는 역사이고 싶다

문학이라는 작은 등불이 되어
누군가에게 고요함 전해주고
햇볕에 반사된 얼굴처럼
나도 빛이고 싶다
천사보다 고운
사랑하는 아이들에게
크고 든든한 기둥이고 싶다고
날마다 주문을 걸고 다짐을 한다

떨리는 목소리로
더 넓은 대지를 적시는 빗물처럼
진실한 삶을 엮은 단 한 줄만이라도
내 다녀간 흔적으로 남기고 싶다
보석처럼 빛나진 않더라도
이름모를 향기로 온 세상을 덮고 싶다

기도. 1
– 하루

부족함 많은 인간이기에
더 바라고 더 갖기를 원하는
욕망과 욕심이 끝없는
날 발견할 때마다
주여 절 일깨워주소서

어느 것 하나
절실히 원한다 하더라도
그건 물질보다
영원을 더 소중하게 하소서

작은 것에도
감사하는 마음으로
누군가와 짧은 눈맞춤에도
긴 여운으로 남는 사람이 되게 하소서

기도. 2
– 이틀

큰 것을 얻고서도
또 다른 것 원하는
욕심보를 달고 있는 저
내일 더 많이 바라게 될 것 같습니다

제 욕심은 이렇듯
채워지지않는 잔인가 봅니다
제가 너무 큰 걸 가졌으면서도
소중함을 모릅니다
가정 안에 건강하고
사랑만 무겁고 높게 쌓이게 하소서

기도. 3
- 사흘

잃고 나서야 비로소
얼마나 소중했는지 깨닫게 됨을
저 어찌 모르리요
현명한 사람은 훗날 일을
미리 생각하고 느껴
언제나 감사하는
마음을 잃지 않으려 함을
저 어찌 모르리요

늘 변함없는 마음 자세로
건강이 허락하는 날까지
끊임없이 노력하겠습니다
내 가진 것 잃었을 때 깨닫는
바보 천치(天癡)같은
사람이 되지 않게 하소서
은혜를 모르는 어리석은 자가
되지 않게 하소서

기도. 4
- 나흘

아쉽게도 우리는 그것을 이미
알고는 있으나 진정
가슴으로 깨닫진 못하나 봅니다
그렇기에 같은 아픔과 후회를
반복하며 살아가는가 봅니다

이제부터라도 과욕을 버리는
연습을 해야겠습니다
그렇게나마 마음을 비우면서
살아가는 연습을 해야겠습니다
내 마음 너무 가벼워
나를 다스릴 수 없으니 하나님께서
마음이 가난한 자에게 용기를 주소서
같은 아픔과 후회로 되풀이되는 삶
살지 않도록 희망을 주소서
사랑을 주소서…….

의지. 1

마음이 맑은 사람은 아무리
강한 자에게도 흔들리지 않고
마음이 어두운 사람은
약한 자에게도 쉽게
휘말리기 마련입니다
당신이 후자이거든
차라리 아무것도 보이지 않는
까막눈이 되십시오
전 이런 마음으로 살아갑니다

의지. 2

까만 조가비가
숱한 세월 동안 파도에 씻겨
하얀 조가비가 되는 것처럼
끊임없이 다듬어 마침내
맑음을 이뤄내십시오
맑은 마음이 되려면 먼저
최초의 자신을 잃지 말아야 합니다
가치관이 분명하고
품행이 바른 사람은
어떤 고난의 구렁텅이 속에서도
자신을 되찾기 마련입니다
저는 이런 마음으로 살아갑니다.

의지. 3

언제 어디서나
자기를 잃지 않는 사람
언제 어디서나 의젓한 사람
그 얼마나 아름다운 정신인가요
바닷가의 수많은 모래알이
파도에 뒹굴며 씻겨도
고요하게 지켜냈기에
빛을 잃지 않는 것처럼
내 안에 빛을 잃지 않는 이 만이
진정한 삶의 주인이 되는 것입니다
나는 이런 마음으로 살아가렵니다

의지. 4

그대가 주인이 되거든
절대 옛날을 생각지 마십시오
주인이 되어
옛날을 생각하면 미움이 생깁니다
언뜻 생각하면 미움은
미움을 받는 자가 불행한 듯하지만
실상은 미워하는 자가
참으로 불행한 자입니다
날마다 미움 없는 하루 속으로
곱게곱게 씻겨 들어가십시오.
나는 이런 마음으로 살아가렵니다

꿈. 2

꿈 찾아 떠난 온 길
태평양 위에서 찰랑찰랑
시간을 먹고 있었구나

충청도 산비탈에 묻어둔
소년의 슬픈 메아리
연분홍 사랑으로 피워보려 했는데
사랑에 울고 웃는 인생길
가도가도 끝이 없구려

곤곤했던 내 마음
이국 땅에서나마
진달래. 개나리로 피워보려
곱게 물들인 내 사랑
긴 팔 벌려 껴안아보려 했는데

질투의 여신 때문일까
이제껏 다하지 못한 내 사랑
실현할 그날 멀고 멀어도
나는 그날을 기다릴 것이야
노년의 그날까지라도.

마음이 아파서

눈이 아프면 눈물이 난다고
몸이 아프면 마음이 아프다지만
그런 것이 아닙니다
사슬에 묶인 밤을 벗어나
새벽이슬에 몸을 맡기면
함께 아파하지 못해
더욱 마음이 아픈
새벽을 만나게 되니까
온전한 사랑이 아니라서
그런 것이 아닙니다
사나이 가슴에 불을 지피고 싶어
차마 할 말을 다하지 못했으니까
언젠가 하얀 가슴 내밀고
아무것도 알지 못했노라고
붉은 장미 한아름 당신 앞에 내밀며
그 땐 말하고 싶소
눈이 아프면 눈물이 나는 게 아니라
마음이 아파서 눈물이 났다고.

그리움 비처럼 내리는 날

비 오는 거리를 서성이다가
길모퉁이에 버려진 인형을 보면서
나도 모르게 주르르 눈물이 흘러내린다

추적추적 내리는 빗길 홀로 걸으며
우산도 없이 온몸에 비를 맞아본다
비 오는 날이면 내 그리움 주체할 길 없어
기억 저편에 감겨있는 영상을 꺼내보면서
내 마음은 충청도 땅으로 달려간다

가족

호숫가를 걸으면
아침산책 하는
연인들과 눈인사를 한다
내 구부정한 어깨 위로
부러움이 소록소록 내리고
사랑하는 가족들 얼굴이
물안개로 피어 오른다

삶의 굴레에 덮여
먼 거리에 놓인 사랑
언제쯤에나 봄바람처럼
서로의 가슴을 훈훈하게
덥혀주려나

시(詩)를 기다리며

창가에 앉아 차 한 잔 마실 때나
밤잠 없을 때도 바람으로
나를 깨우는 당신

텅 빈 가슴 문 열어주고
모락모락 피어오르는 찻잔에
작은 포말로 일어서는
기쁜날에나 슬픈날에나
가슴속에 밤비처럼 내려줄 당신

매일매일 그리움으로 쏟아져
유심히 귀 기울여보면
나를 위로하고 감싸주는
당신이 곧 시(詩)입니다.

고향의 봄. 3

목련꽃 흐드러지게 피던
충청도 내 고향
유난히도 영롱하던 아침이슬
싱그러웠던 솔향기
내 가슴속에 묻어있구나

캔버라와 시드니를 오갈 때마다
초원에서 노니는 양떼들 바라보면서
어린 날 개울물가에서
염소 먹이던 추억이
먼 꿈처럼 피어나는구나

봄빛이 뜨거워지는 대지에
아지랑이 춤을 추면
어린 시절 소년도
하늘 향해 두 팔 벌리며
덩실덩실 어깨춤 추곤 했었는데
그 시절 되돌릴 수 없구나

춘곤증

봄볕에 겨운 건 어찌 나쁜이겠는가
일터에서의 적응 이젠 익을 때도 되었건만
나른한 육신 어설픈 하품에
기지개를 켜는 중년의 봄날도 깊어간다

고국의 부모형제 그리움
한 해 두 해 수십 해 넘겨도 더 선명하구나
오늘도 누군가를 기다리는
그 몸짓 또한 여전하구나
주말마다 처자식 바라보는 즐거움으로
그리움 삭여보려
내 마음 바쁘게도 오고 가는구나

깊어가는 봄날 시드니 햇살에
내 꿈과 희망 익어가는데
조국 고향 동산엔
진달래꽃 붉게 물들었을까?
내 고향 개울가엔
연둣빛 이파리 봄을 노래할까?
어린 날 다시 돌아온다면
영롱한 꿈 다시 피우고픈 봄날

마법의 꽃

가을비 초연하게 내리는 날이면
중년의 가슴속에
추억의 꽃 한 송이 피어납니다
언제부터인지 알 수 없지만
내 마음 깊은 곳에
소중한 시간들이 잎을 피우고
붉은 꽃잎이 눈뜨기 때문입니다

지난날 수없이 흔들리던 마음
어느 때부턴가 빛을 발하기 시작하여
마법의 꽃 한 송이 피우며
지난날 외로웠던 가슴에
순결한 열매 맺기 시작했습니다.

이 모든 변화는 내 곁에
아름다운 사람들이 있었기 때문입니다
가벼운 마음 흔들리지 않게
연약한 마음에 생채기 나지 않게
보듬어 준 당신이 있기 때문입니다.

낙엽의 침묵

낙엽은 홍조 띠는 비결을 말하지 않는다
나비에게 길을 묻지 않는다
겨울 숲이 고요를 아파하지 않는 것처럼
바람을 원망하지도 않는다

시드니 가을이 꽃과 나비에게
자리를 내어준 것처럼
숲과 바람도 말없이 음표를 그린다
이국의 삶을 등에 업은 중년의 남자
또 한 계절을 가슴에 안고서.

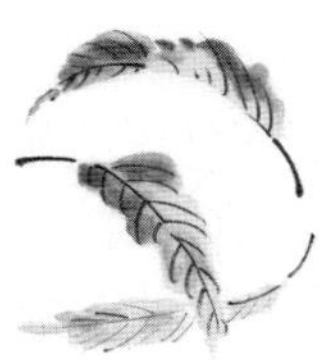

하루의 끝에서

소파에 누워 기우는 하루를 본다
비디오 액션 영화에선 총질을 한다
금세라도 브라운관을 뚫고 툭 튀어나와
심장을 꿰뚫을 것 같아 나는 헛기침을 한다

땀 흘린 하루가 말없이 밀물처럼 쓸려나가면
어둠은 햇살을 당겨 새날을 맞을 것이기에
시간은 호젓하게 숨어 그림자만 남긴다
무엇하느라 여태 사랑 한 가닥 엮지 못한
중년의 가슴속엔 외로움만 가득하다

하루일 끝내고 혼자 창가에 서서
밤하늘에 쏟아지는 별을 헤는 밤
외로움마저 달콤함을 느끼는 것은
평범한 연륜이 화려한 치장을 하고
내 안에서 꿈틀거리기 때문일까

그 누군가가 내 삶에 어떤 의미를 부여하여도
남은 삶, 땀 흘리며 하루를 천년 같이 살아갈 것이다
지난 세월이 낡은 이불처럼 내 삶을 뒤척일지라도
난 그 소중한 이부자락 잡을 수밖에,

주말마다

또르르륵 셀 수 없이 많은
동그라미를 그리며
둥지를 찾아 달리는 길
몇 시간의 공백을 깨면서
빗방울 세차게 차창을 때리니
그리운 얼굴들이 빗물 타고 흐른다
또르르륵 내 영혼 씻기 위하여
한 줄기 맑은 샘물이 되어 떨어진다

먼길 달려간 내 마음
그 누가 알아줄까
하지만, 지친 영혼이나마
초롱초롱한 눈망울로 씻기 위해
주말마다 캔버라에서 시드니로 달린다
또르르륵 또르르륵 동그라미 그리며
빗길을 달린다
아버지란 이름표 달고.

무소유

불 속에서 훌훌 속세를 벗으시는
가벼운 당신의 육신은 하얀 연기되어
바람 타고 훨훨 날아가시는 그 길 위엔
무거운 육신들로 인산인해!

당신께서 빚으신 무한한 언어
이슬처럼 영롱하고
책 한 권도 무겁다 버리는 데 익숙한
내 가슴에 담아보지만
세상일 마음대로 되지 않음을 어쩌리오

불꽃으로 활활 타오르는 그 육신
구름에 앉아 비 되어 내리겠지요.

가슴을 비워놓고

아무리 작은 가슴이라도
채울 공간 있을 때
채울 수 있다는 기대가 있듯
아무리 넓은 가슴도
그 무언가를 채울 공간이 없다면
내가 오늘 열심히 땀 흘려본들
무의미할 뿐
틈이 있어야 들어가고
자리가 있어야 앉힌다

허욕이 슬슬 고개 들고 탐욕에 눈이 멀면
모든 것이 허사인 것처럼
조금 모자랄 때가 가장 알맞을 때
최상을 위해 가슴을 조금씩 비워놓아야지

고국에 갈 수 없을 때

1
삶이 지치고 힘들 땐
문득 고향으로 달려가고 싶다
막차라도 타고 완행열차에 몸을 실어
아득한 잠 속으로 빠져 들고 싶다
하지만 시드니와 한국 사이엔
푸른 파도만 넘실넘실
가슴 아리게 한다

그리움에 야윈 내 영혼
허공에 휘청거리고
이제는 잊을 때도 되었건만
이제는 잊어야지 돌아서는 순간
내 가슴속에 완행열차 한 대가
긴 호흡을 토하며 지나가는구나.

2

모두가 깊이 잠든 밤
혼자 잠들지 못해 뒤척이다
한숨처럼 내뿜는 담배 연기
어두운 창 밖으로 스멀스멀 기어나갈 때
가만히 어머니를 불러본다
"엄니요? 엄니는 이 아들 보고 싶지 않지요"
"지는요 그래도 엄니가 보고 싶은데 어쩐데요"
이제는 돌아갈 수 없는
먼길을 허위허위 달려왔건만
늘 가슴속에 자리 잡은 그리움
차디찬 길 위에서 곤히 잠들어도
홀로 잠들지 못한 난
새벽 안개 헤치며
허공 속에 떠있는 내 마음의 열차
쓸쓸히 배웅하는구나

안상기 시인 등단작품

새벽녘 호숫가에서

어둠을 깨우는 새벽 호숫가를 거닌다
멀리 한 쌍의 흑조(黑鳥)가
여섯 마리의 새끼와 아침을 노래하며 내게로 온다
무언의 눈길 청초한 몸놀림 내 어찌 알리
내 안에 아픔 어루만져 주려는
이슬 같은 눈동자가 사랑스럽다
불씨를 가슴에 묻은 사나이몸짓이 애처로운 양
졸졸 따라온다
자연의 아름다움이. 삶이란 것이 이런 것인가

나 오늘도 사랑이란 이름으로 아침을 깨운다
친구여 일어나라
꽃봉우리여 깨어나라
아침 햇살 앞에서 게으름은 이유가 되지 않는
순간만이라도 누군가가 함께 걸어가 준다면
나 내일도 오늘처럼 새벽을 깨우리다

작은 생명

캔버라 호숫가 오솔길을 홀로 걸어가노라니
낯익은 거미줄이 아침이슬에 반짝반짝 삶을 엮는다
나에게 시간을 일깨우듯
왜 거기 그렇게 장성처럼 서있냐고 반문하듯
순간 고추잠자리 한 마리 거미줄 망에 걸려 파닥인다
미물의 삶이 작은 숲을 흔들고 있다
내 마음도 흔들리며 발걸음이 멈추어버렸다
파닥이다가도 죽은 듯 살아날 때를 엿보고 있는
잠자리를 관찰하자니 내 등골이 시리다

저 불쌍한 잠자리를 거미줄에서 떼어
실바람 속으로 되돌려주고 싶지만
이미 생명을 잃어가는 잠자리를
훌훌 날려보낼 수 없음에 가슴속이 아리다
식어가는 저 몰골을 어쩌나

추억 한 장

사춘기 그 시절
복숭아가 익어가던 여름날의 꿈이다

두근거리는 가슴을 움켜쥐고
만나자고 약속한 그 장소에서
몇 시간을 기다렸지만
그녀는 시간 속에 잠겨버린 것인지
하얀 얼굴 짙은 속눈썹의 키 작은 소녀는
끝내 나타나지 않았다
별이 떨어지는 그 시간까지도

세월이 흘러 지천명에 들어섰지만
잊혀지지 않는 작은 추억 한 장만
내 가슴속에서 팔랑거렸다
십수 년의 세월이 흘렀지만
그때 하고픈 말 전할 길 없었는데…….

어느 날 우연히
그 추억 속에 소녀를 만났다
하얀 얼굴은 간데없고
잔주름 분장한 진한 화장이 세월을 말하듯
삶의 무게로 퇴색된
그때 그 소녀 무척이나 외로워 보이는
그녀의 한마디
나를 기억하지 못한단다

내 기억은 아직도 선명한데, 아뿔싸
나의 환상이었나 보다
그 오랜 세월 키워왔던 환상이 깨어지는 날
나는 또다시 외로운 남자가 되어
삶 속으로 들어서고 있었다.

채워지지 않는 샘

뿌연 안개 사이 헤치며 새벽을 달린다
채워지지 않는 외로운 갈증으로 힘든 나날
마른침 삼키던 시간들이 말없이 흘러가고
또다시 젖은 눈으로 찾아온 둥지
반겨줄 사람 없이 공허만 감돈다
그래도 마음의 평정을 찾아야 하기에

목마름 해결해 줄 샘물 찾아
달려갔던 그 길이 오늘은 왠지
어색하기만 하다
나의 욕심 때문일까
욕심은 마음에 공허만 남긴 채
채워지지 않는 우물처럼 갈증만 남긴다

어눌한 욕망만 잉태한 채
삶의 한 귀퉁이에 우두커니 서서
떠나기 싫은 망자의 상여처럼
외로움과 아픔들
오늘도 내 주위를 서성거리고 있지만
나는 끝없이 새벽을 따를 것이다
내 삶에 평정을 찾는 그날까지

望鄕情 달래며 펼친 濠洲僑胞의 꿈 자락

안상기 시인 첫 시집

내가 머문 자리

삶과 꿈과 거울의 시

新毫(신규호) / 문학평론가

望鄕情 달래며 펼친 濠洲僑胞의 꿈 자락

안상기 시인 첫 시집

내가 머문 자리

삶과 꿈과 거울의 시

新毫(신규호) / 문학평론가

Ⅰ. 열며

한 번도 만난 적이 없는 안상기 시인의 첫 시집 「내가 머문 자리」해설을 청탁받아 원고를 읽어보니, 내가 꼭 스무 해 전 호주 캔버라에 가서 두 달 남짓 지낸 추억이 떠올라, 마치 반가운 옛 친구를 만난 듯 반갑다.

저자가 태어나 자란 '충청북도 괴산군'은 천하명산 속리산(俗離山)과 가까운 곳으로 풍광이 아름답다. 그리고 '괴산' 하면 식민지 시대에 장편 「임꺽정」을 써서 문명을 날린 벽초(碧初)와, 수년 전 장편 「황진이」를 써서 '만해문학상'을 받은, 그의 손자 홍석중이 떠오를 만큼, 글쓰기에 뛰어난 조손(祖孫)을 탄생시킨 고장이다. 안상기 시인도 그러한 환경에 힘입어 진작부터 글쓰기에 뜻을 품었나 보다.

호주의 수도 캔버라는 아름답고 드넓다. 안 시인의 시집에 나오는 호수도 자연 호수가 아니고 인공호수인데, 나는 한 시간 가량 뱃놀이를 한 일이 있었다. 그리고 작품 공간에 나오진 않으나 국립대학 도서관과 호주 국립도서관은, 당시만 해도 우리로선 낯선 개가식 운영방식이어서, 읽고 싶은 책들을 자유로이 찾아 읽을 수 있었고, 동서양의 서적들이 많았는데, 그 중에 우리나라의 월간문예지 「현대문학」 도 비치되어 있어, 그 출신인 나로서는 무척 기뻤었다. 이런저런 추억과 감회에 젖으며, 나는 펜을 들었다.

Ⅱ. 本文

1. 詩集 槪觀

요즘 시집으론 보기 드문 141편이나 되는 많은 시작품이 다섯 부로 나뉘어 편집한 이 시집은 제1부와 제5부에 가장 많은 작품이 들어있다. 각 부별로 간략하게 시세계를 정리하면 아래와 같다.

제1부: 대표시 「홀로 피는 사랑」이란 이름 아래 수록된 34편의 시는, 혈혈단신 멀고 먼 호주 땅에 발을 들여놓은 뒤, 간절한 망향의 정을 달래며 생업에 힘쓰는 내용들을 담고 있으니, 「가시버시」 「고향산천」「아버지께 올리는 노래」「어머니께 드리는 글월」 들이 그러하다.

이런 가운데 수십만 리 이역에서나마 꼭 이루고자 결심한 '꿈' 과 '시 쓰기' 가 다루어지니, 「내면의 꿈」「꿈 찾아 시드니까지」「시인의 삶」「시를 쓴다는 것」 등이 그 보기이니, 이는 자아를 재발견하여 삶의 폭을 넓힘으로써 「새롭게 찾은 행복」을 거쳐 「나의 이정표」 을 설정하기에 이른다.

제2부 : 대표작 「시린 꽃을 보면서」를 비롯한 28편으로 묶인 제2부의 시세계는, 저자로 하여금 엄친(嚴親)의 타계로 말미암은 절망의 위기를 떠올리게 한 과거와, 이민의 현장에서 겪는 역경을 딛고 일어서는 '세월' 의 고마움을 노래한 「먼지로 남겨질 뿐인데」「호주에 핀 아카시아」「장미꽃도 시들다」「겨울나그네」 들이 시선을 끈다.

제3부 : 대표시 연작 「거울 앞에서」 등 20편으로 짜인 제3부는, 갖은 고난 속에서도 끊임없이 자아를 반성하고 채찍질하여 자신의 참모습을

다져나가는 시세계로, 「봉선화」「이민자」「황소」「동반자」 등이 돋보인다.

제4부 : 대표시의 지정 없이 25편이 묶인 제4부는, 이미 완전히 자신과 혼연일체가 된 값진 고국의 이모저모를 노래한 작품들이 주종을 이루니, 「윷놀이」「고향이 그리우면」「흩어진 기억조각」「3.1절」연어」「그리움의 패랭이꽃」「친구가 생각날 때」 등 매거(枚擧)할 겨를이 없거니와, 「유칼립투스나무」는 고국을 떠올리게 하나 그쪽 수종(樹種)인 점에서 이채롭다.

제5부 : 대표시 「마법의 꽃」을 비롯한 34편인 제 5 부의 시편들은, 고국과 이민지 양쪽에 걸쳐, 초로의 사나이에게 새로운 삶을 열어준 값진 정신세계에 대한 고마움을 돌아보고 감사하는 새로운 삶의 단계가 반영된 작품으로 연작시 「기도」와 「의지」이외에도 「꿈」 「시를 기다리며」「추억 한 장」「채워지지 않는 샘」 등이 인상적이다.

2. 詩集 全體의 槪要

앞에서 적은 다섯 부의 작품세계를 뭉뚱그리면, 이 시집은 고국의 품을 떠나, 머나먼 남반구 호주 땅에 이민 온 저자가, 숱한 역경 속에 망향의 정을 달래며 정착에 힘을 기울인 고달픈 삶과 아름다운 꿈과 반성의 거울을 시로 담아 진솔하고도 아름답게 표현함으로써, 경제적인 영역은 물론 정신 영혼의 구원을 위해서도 매우 값진 시세계임을 인정받게 된다.

Ⅲ. 個別作品 解說

개별작품 해설은 시집의 수록순과는 상관없이, 해설자가 설정한 「삶과 꿈과 거울의 시」라는 내용을 해설하기에 알맞은, 네 항목에 걸쳐 10편 안팎의 작품을 대상으로 삼기로 하겠으며, 졸고를 마무리하는 '닫으며' 에서 그들을 총괄한 안 시인의 '시' 의 특색을 덧붙이기로 하겠다.

1. '삶'을 다룬 시들

시도 문학의 한 양식이어서 '삶'과 불가분의 관련을 맺는다. 여느 사람들의 경우에도 그러하지만, 특히 머나먼 낯선 곳으로 이민한 이에게는 시의 바탕이 되는 삶이 더욱 중요한 비중을 차지한다고 본다. 모든 인간에게 생명이 단 한 번만 주어지는 것이므로, 삶의 문제는 이만저만 중요한 것이 아니다. 우선 「이민자」를 읽어 보자.

모두가 지상낙원이라는 말에
꿈자락 둘둘 말아 가방에 넣고
덩달아 선택한 땅 호주
낯설고 말 설은 시드니에 둥지 틀어
그리도 소중하다는 돈, 돈, 달라($) 돈 주머니에 넣었다

모두 잠든 밤, 텅 빈 사무실 청소
불볕더위 사막의 광산촌
땅 파는 굉음 요란한 공사판
시간 따라 떠돌던 삶
언젠가 멈춰서 보니
헐레벌떡 강산이 두 번
아니, 세 번째 바뀌려 든다

고단했던 길 후회도 많았지만
때론 많이 웃고 울기도 했지
지고 온 꿈 보따리 반도 풀지 못했는데
아직도 넘어야 할 고개 높고 험하다

20대 젊은이 어느새 잔설로 뒤덮인
중년 사내 돼 그늘진 호숫가 모퉁이에

쪼그려 앉아 멍하니 하늘만 바라본다
아직도 못 다 이룬 꿈
두고 온 고향생각에 눈시울만 뜨겁다
-전문-

비록 '덩달아 선택' 이란 표현은 썼지만, 우리 조국의 현실은 분명 '지상낙원' 은 아니어서, 적잖은 사람들이 해외로 떠난 것이 역사적 현실이었고, 안 시인에겐 다른 사람들보다도 그럴만한 사유가 있었을 것이니, 「검정고무신 추억」은 이를 추정할 한 실마리가 될 것이다.

내 고향 황톳길 따라
검정고무신 신은
까까머리 소년이 학교를 간다
신발 가득 빗물이 차오르면
짓이겨진 황토가 싫어
검정고무신 벗어들고 뛰어간다.

아! 그랬었지…….
그때는 그리도 가난했었지
아! 그랬었구나…….
그저 스쳐간
그 땐 모두 가난한 시절
나는 왜
이토록 그 시절이 그리운 건가!
-부분-

보편적 가난상의 표현은 역사를 외면하지 않는 진실성의 소치로 평가받을 만하거니와, 그런 가난 속 삶이나마 그리운 건 온 가족이 더불어 살았기 때문이므로 또한 진실한 표현이다.

그러나 외국으로 이민했다고 금방 졸부(猝富)가 되는 것도 아니니, 20여 년이 지난 시점에서 돌아보면, '후회도 많았지만' 이 진실한 마음의 현주소였을 것으로 여겨진다. 「홀로 피는 사랑」이 이를 시사해준다.

꽃잎에 물든 사랑
찬연한 석양빛에 어리고
길 없는 창가에
사랑은 설렘으로 가득한데
목말라하는 가슴속으로 차오른 눈물에
그리움 따라가는 세월만 야속하구나
밤하늘에 그리움으로 머문 사랑
밝은 달빛에 홀로 피어 숙연하구나
기다림에 여울진 사랑
새벽 별과 함께 선잠 깨어
아침 햇살에 멀어지는구나

- 전문 -

'꽃' 에 감정이입한 이 '홀로' 라는 단절감은 이민의 성과를 백지로 돌릴 가능성이 배제되지 않은 것이데, 천만다행인 것은 '꿈 보따리' 를 지니고 떠나온 사실이다. 만약 그것마저 품고 가지 않았었더라면 상황은 견디기 어려울 만큼 심각했을 것이니 말이다.

2. '꿈' 을 노래한 시

그러면 '꿈' 이란 무엇인가? 이는 이루기 어려운 허망한 것과, 비록 이루기는 힘들더라도 꼭 이루어야 하겠다고 마음먹는 적극적인 것이며, 때에 따라서는 전향적인 것과 회고적인 것이 있다. 안 시인의 경우는 '희망' 과 동격이어서 적극적인 것인 동시에 당장은 전향적인 것이 우세하다. 「꿈 찾아 시드니 까지」가 이를 제대로 일러준다.

1.
고향에서 들뜬 꿈
타향살이로 물거품처럼 사라지고
더 큰 꿈 희망 가슴에 품고
여객기에 몸 실어
시드니로 날던 날
하늘에서 내려다본 고향산천
아련한 그리움으로 손짓해주었고
지구가 둥글다는 걸 그때 알았다.

(중략)

2.
나그네 못 다 이룬 꿈
허망할 때마다
오페라하우스 찾아가면
관광객들만 시끌시끌

(중략)

넓은 대지 위에 노니는 양떼 바라보며
내 꿈과 희망 키우면서
더 넓은 벌판에 삶의 푯대 세웠으니
땀 흘리는 시간 속에서도
내 어찌 행복하지 않겠나

우리 선조의 문화 살찌우는
삶의 역군으로
세종대왕 부끄럽게 하지 않으리

그런데, '꿈' 은 본디 실제적 · 경제적인 것과 정신적 · 영혼적인 것을 아우르는 개념인데, 안 시인의 경우는 '문화' 나 '세종대왕' 으로 보아 '한글' 을 표현매체로 삼은 문학, 특히 시적 창작을 의미하는 것으로 추정된다. 고국에서 살았을 적부터 품어온 문학의 꿈이 바야흐로 이루어진 순간의 감동이 「캔버라의 봄」에서 이렇게 표출된다.

바람이 어둠을 털어내는 호숫가를 걷는다
여린 햇살이 물안개 피우며 수묵화를 그려낸다

이국의 싸늘했던 세월 너머로
내 땀방울 속살 같은 씨앗을 품는다
습진 그늘에서도 씨앗이 자랐나 보다
내 굵은 힘줄의 맥박 느려지기 전에
내게 주어진 숙제는 다 풀어내고 싶다

그동안 품어내지 못한 문학의 씨앗
싹 틔워 꽃 피울 때까지
내 안에 잠재된 어둠 털어내어
이제 보다 더 열정적으로 날 깨울 것이다
캔버라의 봄 햇살처럼…….

-전문-

이 캔버라의 호수는 자연호가 아닌 인공(人工) 호수로 동력선으로도 한 시간은 족히 걸리는 광대한 규모인데, 평소엔 캔버리와 시드니를 오가며 생활하는 저자로서 모처럼의 기쁜 마음이 반영되어, 햇살도 오늘따라 유난히 밝아 아름다운 '수묵화' 를 그려내고 있는 것이다.

한편 「시인의 삶」에서는 만족할 만한 것은 못 되더라도, 일단 소망을 이룬 느긋함이 '유유자적' 에 의해 풍겨난다.

그저 작은 꿈 하나 이뤄놓고
내일을 향해 걸어간다
설렘과 두려움으로
내 남은 세월에 점 하나 남기고 싶어
묵묵히 글밭의 농부가 되었다

그동안 이루지 못한 꿈의 조각들
밤하늘의 별처럼 모아서
글 조각을 빚고 싶다
모양새 없고 정석은 아니더라도
강물처럼 맑고 윤기 흐르는
그런 시상은 아닐지라도
마음 맑디맑은 시인 되고프다

강 언덕 지나가는 바람처럼
유유자적(悠悠自適)
내 영혼 자유롭고 싶다.

-전문-

자신의 존재 의의를 비록 하찮아 보이는 작은 '점' 으로나마 확립했다는 것은, 앞으로 '영혼' 의 '자유로움' 을 위해서 불가결한 것으로 보는 견해가 독창적이거니와, 눈에 보이지 않는 '꿈' 을 '조각' 처럼 시각적으로 드러내 보인 솜씨 또한 눈여겨볼 만하고, '마음 맑디맑은 시인' 을 지향하는 마음씨가 대견하다. 그러기 위해서는 남들을 위해 섬기는 마음가짐을 가져야 할 것이니, '시(詩)' 라는 한자가 '말씀 언(言)' 과 '모실 시(寺 · 侍)' 의 형성(形聲)임에 썩 잘 어울린다('寺' 가 '사' 가 아님에 유의할 것).

안 시인의 '꿈' 중에서 특이한 것은 「연어」(제4부)이다. 회귀본능의 대표자이기 때문일 것이다.

달빛 별빛도 나른한 밤
심심유곡 바위틈에서 유복자로 태어나
축복받지 못한 삶 눈비비고 일어난다
머나먼 물길 따라 시작하는 기나긴 여정

험로엔 수마석(水磨石) 사이사이
부릅뜬 눈들 덫을 놓고 대기한다
돌보는 이 없는 길엔 물결만 출렁이는데
목숨 건 날렵함 바다 건너갈 길 재촉한다

요동치는 검푸른 바다 속에
밀물에 씻기고 썰물에 깎이면서
하찮은 삶 몸집 늘리고 꿈 키워
귀향의 설렘에 끓는 여정 자맥질로 불태운다

태고의 기억 속에 숨겨둔 고향 찾아
비늘 가죽 벗겨가며
사활(死活) 건 고난의 길 힘차게 질주한다
돌아온 바위틈에 생의 씨앗 흩어놓곤
기쁨도 잠시, 목숨줄 놓는구나

목숨 다한 몸뚱어리 사방으로 휘 뿌려져
풀뿌리 나무뿌리에 축복으로 나눠지고
오가는 길손에겐 아쉬움만 남기누나.

-전문-

3. '꽃'을 노래한 시

이 시집에는 '꽃'을 노래한 작품이 많다. 아름답기 때문에 여러 시인들과 공통되는 면인 것 같다. 그러나 안 시인의 경우는 현재의 아름다움만이 아니라, 그 아름다움으로 인해 과거를 돌아보아 그리워하는 계기가 된 꽃이 적지 않다. 반대로 비극적인 위기를 떠올리는 경우와, 미래에 있어서의 창조의 기틀이 된 것도 있다. 여기서는 그 중 마지막 두 경우를 살펴보는 것이 좋을 것 같다. 「시린 꽃을 보면서」(제2부)부터 시작하자.

무섭기만 했던 아버지 눈빛 같은 바람이
겨울꽃 여린 속살을 헤집으니
꽃들이 부르르 떨면서 진다
영하의 날씨도 아닌데 무척 시린가 보다

하얗게 부푼 소년의 꿈들이
아버지 돌아가시고 떨어진 그때처럼
꽃들이 시린 땅에서 나뒹군다
대꾸 한마디 못하고 아파했던 그때처럼
시린 시선들을 가슴에 묻었던 그때처럼
사금파리 같은 겨울바람이 시린가 보다

여명도 아직 먼 창가에서
처연하게 울던 그땔 잊게 해준
세월이 그저 고맙기만 하다
무딘 가슴으로 살아온 아픔 잊게 해준
너이기에.

-전문-

현재의 꽃을 보면서 과거를 돌이켜보는데, '무섭기만 했던 아버지의 눈빛' 이야말로 시인의 운명을 바꿀 만한 계기가 됐던 것 같다. 당신의 별세로 말미암아 가정에 큰 변동을 가져온 것 같으니 말이다. 그리하여 그 '눈빛' 을 닮으면 '꽃' 도 '부르르 떨면서 떨어져' 현재의 여의치 못한 위기의식을 시사해주는 수법을 사용하여, 이를 극복하는 길은 그때와 마찬가지로 '세월' 에 맡길 따름임을 순리를 아울러 일깨워준다.

한편 「마법의 꽃」은 지난날 위기에 처한 시인 자신을 구원해주어 '빛을 발하' 게 해준 구원의 길라잡이라 할 만하다.

가을비 을씨년스레 내리는 날이면
중년의 가슴속에
추억의 꽃 한 송이 피어납니다
언제부턴진 알 수 없지만
내 마음 깊은 곳에 잎새 피우고
붉은 꽃잎이 눈뜨기 때문입니다

지난날 수없이 흔들리던 내 마음
언제부턴가 빛을 발하기 시작해
마법의 꽃 한 송이 피우며
지난날 외로웠던 가슴에
순결한 열매 맺기 시작했습니다

이 모든 변화는 내 곁에
아름다운 사람들이 있기 때문입니다
가벼운 마음 흔들리지 않게
연약한 마음에 상처 나지 않게
보듬어준 당신이 있기 때문입니다.

그리하여 시상의 마무리는 '꽃' 자신이라기보다 그 꽃을 피운 '당신' 이라는 함축적인 존재로 하였으니, 이 시는 인생의 '진선미' 라는 세 의의 중 신앙과 관련 깊은 중간자(中間者)를 이르는 것으로 풀이된다.

4. '거울' 을 다룬 시

이 시집에서 또 한 가지 간과해선 안 될 일은 '거울' 을 활용한 방법이다. '거울' 은 우리 시에서 일찍부터 활용된 바 있으나, 이상(李箱)의 경우처럼 자아분열의 확인을 위한 것이었는 데 반하여, 이 시집에선 자신의 부족했던 점을 발견하여 바로잡음으로써, 보다 성실한 인간으로 성장해 갈 기틀을 마련하는 데 쓰였으니, 「거울 앞에서.1」 (제3부)가 그 좋은 보기이다.

욕심과 허상을 가득 안고
빈 몸으로 떨고 있는 사내가
머리엔 잔설을 이고
옆구리엔 비밀주머닐 찼다

발설해선 안 될 비밀인 것처럼
저만 알고 남은 모른 듯
꾸부정한 모습이 측은하다
그래, 나 자신이 날 껴안고 가야지
누가 날 껴안고 가겠는가
암, 온몸으로 껴안고 가야지!

투명한 반사경 속 그 사내는
자신의 죄목을 낱낱이 고백하며
하루하루를 참회하며 살아간다.
－전문－

자신의 정체인 '욕심과 허상'을 정시하곤 가엾이 여겨 '고백'과 '참회'를 거쳐, 새사람의 길로 돌려놓는 것이다.

연작(「거울 앞에서. 2」)에서는 '유령처럼' 더욱 거세게 '대면'하지만, 펼경은 '그 사내가 이젠 바로 서기를 원한다.'로 역시 개과천선하는 것이다. 「무소유」는 그 전형적인 예라 할 만하다.

불 속에서 훌훌 속세를 벗으시는
가벼운 당신의 육신은 하얀 연기되어
바람 타고 훨훨 날아가시는 그 길 위엔
무거운 육신들로 인산인해!

당신께서 빚으신 무한한 언어
이슬처럼 영롱하고
책 한 권도 무겁다 버리는 데 익숙한
내 가슴에 담아보지만
세상일 마음대로 되지 않으니 어찌하리

불꽃으로 활활 타오르는 그 육신
구름에 앉아 비 되어 내리겠지요.
-전문-

이러한 자신에 대한 반성은 타자에 대한 관념을 바꾸게 되니, 짐승을 다룬 「황소」(제3부)가 좋은 본보기이다.

굵은 뿔비녀로 머리를 동여매고
이슬 맺힌 커다란 눈망울로
슬며시 고개 돌려 날 쳐다보는 너
눈 속에 세상이 있고 우주가 머무는구나

네 할아비 연자방아 돌렸고
아비는 수레 끌어
대를 이은 고달픈 삶
고여있는 슬픈 눈망울 바라보면서
내 안에 잠재된 어린 날의 날개를 다는구나

네 등을 타고 어린 시절 보냈고
너의 힘든 쟁기질 덕분에
내 입에 밥술 떠넣고
책가방도 들 수 있었거니
이젠 널 보내야할 때
여린 가슴속엔 큰 슬픔 이는구나

가난한 내 마음 머물 곳 없어
긴 한숨 허공에 날리며
오늘도 부끄러워 등 돌리곤
먼 하늘만 바라보는구나.
―전문―

수컷인데도 '비녀'를 지른 것부터가 웃음을 자아내거니와, 사람을 위해 '대를 이은 고달픈 삶'을 계속하는 짐승에 대해 이토록 고정관념을 바꾼 안 시인이고 보면, 같은 인간에 대한 대인관계는 더 말할 나위가 없을 것이다.

우리 문인 중 이상은 '황소'를 '권태'의 화신으로 본 적은 있었으나, 이토록 더불어 살아야 할 대상으론 보지 않았으니, 자아를 돌아보는 거울의식(意識)은 확실히 지구촌의 평화에 이바지하는바 적지 않을 것이다.

Ⅳ. 닫으며

지금까지 해설해온 안상기 시인의 시작품의 밑바탕이 되는 것은, 그리움의 표출이자, 섬김의 마음가짐이다. 그리고 이는 시, 특히 우리의 시의 발생과 밀접한 관련을 맺고 있으니, '그리움'은 동사 '그리다'에서 파생된 형용사 '그립다'의 명사형에서 전성된 것이기 때문이다.

본디 도구를 사용하여 대상을 자유로이 그리는 데서, 머릿속에 떠오르는 영상에 의해 그리워하는 새로운 문맥의미가 파생됨으로써 이루어진 것이다.

제 5 부의 후반에 실린「시(詩)를 기다리며」는 그리움과 섬김의 마음가짐이 다름 아닌 시작품임을 단적으로 말해준다.

창가에 앉아 차 한 잔 마실 때나
밤잠 없을 때도 바람으로
나를 깨우는 당신

텅 빈 가슴 문 열어주고
모락모락 피어오르는 찻잔에
작은 포말로 일어서는
기쁜날에나 슬픈날에나
가슴속에 밤비처럼 내려줄 당신

매일매일 그리움으로 쏟아져
유심히 귀 기울여보면
나를 위로하고 감싸주는
당신이 곧 시(詩)입니다.

－전문－

단지 가족들 사이에서만이 아니고, 시는 집단이나 국가 등 인류의 존속을 위해 필요한 대상들에 대한 그리움의 표출이자, 정성껏 섬기는 행위의 발로이니, 독자들은 바로 안상기 시인의 이 시집 「내가 머문 자리」에서 그 실례를 유감없이 접하게 되는 것이다.

바라건대, 온갖 역경을 극복하여 이룩한 시인의 길이므로, 부디 앞으로도 정진하여 만인을 감동할 명시를 다수 창작하기 바란다.

인쇄	2010년 9월 1일
초판 1쇄 발행	2010년 9월 4일
지은이	안상기
펴낸이	전형철
편집	GAP
웹디자인	김태완
펴낸곳	도서출판 모던/등록번호 제 16-3544호
인쇄	(주)한진종합인쇄
후원	월간 모던포엠
주소	서울 중구 초동 155-1 덕양빌딩 505호
전화	02-2265-8536
팩스	02-2265-0136
이메일	mopo64@hanmail.net
정가	10,000원